AF619433

THÈSE
POUR LE DOCTORAT

La Faculté n'entend donner aucune approbation ni improbation aux opinions émises dans les thèses ; ces opinions doivent être considérées comme propres à leurs auteurs.

UNIVERSITÉ DE PARIS. — FACULTÉ DE DROIT

LA POLITIQUE DE L'IMMIGRATION EN FRANCE DEPUIS LA GUERRE DE 1914

THÈSE POUR LE DOCTORAT
SCIENCES POLITIQUES ET ÉCONOMIQUES

Présentée et soutenue
le mercredi 20 Mai 1925 à 3 h. 1/2

PAR

EDOUARD CATALOGNE

Président : M. PERREAU
Suffragants : MM. MESTRE, OUALID, *professeurs.*

PARIS
IMPRIMERIE ANDRÉ TOURNON
257, RUE SAINT-HONORÉ, 257

1925

BIBLIOGRAPHIE

L'aspect juridique de l'immigration ouvrière : William Oualid. — Felix Alcan, Marcel Rivière, Paris 1923.

L'émigration moderne et les solutions internationales des problèmes de l'émigration : William Oualid, Semana de conferencias sociales, 24-29 mars 1924 (Madrid 1924).

La Réparation des Dommages de guerre : E. Michel. — Berger-Levrault, 1923.

La Crise de la Natalité et la Croisade pour la repopulation : Fénelon Gibon.

La France qui meurt : Gustave Hervé. — Librairie de la Victoire, 1924.

L'Etat et la Natalité : M. de Roux.

Terra Clausa : De Monzie. — Ferenczi et fils.

Le Ministère du Travail 1906-1923 : Albert Peyronnet. — Berger-Levrault 1924.

L'après-guerre et la main-d'œuvre italienne en France : Ernest Lémonon. — Alcan, 1918.

Emigration et Immigration (Bureau International du Travail), Genève, 1922.

Les Récentes Conventions d'Emigration et d'Immigration : Bertrand Nogaro. — *Revue politique et parlementaire*, Paris, 10 octobre 1920.

Divers numéros de la « Revue de l'Alliance Nationale pour l'accroissement de la population française ».

Bulletins du Ministère du Travail.

Bulletins du Marché du Travail.

Différents textes diplomatiques, législatifs et parlementaires.

INTRODUCTION

Parmi les grands problèmes qui se sont posés à la suite de la guerre de 1914, *les différentes questions que pouvaient faire naître les mouvements migratoires, ont fortement retenu l'attention des Gouvernements des diverses nations, et l'activité diplomatique qui s'est manifestée dans ces dernières années a déjà permis de donner une solution à un grand nombre d'entre elles.*

Des négociations antérieures à la guerre avaient, il est vrai, tracé la voie à de plus amples accords ; mais, elles n'étaient parvenues qu'à résoudre certains points particuliers et très limités. Quant à la réglementation, qui émanait de certains pays neufs, elle présentait uniquement le caractère national.

« *Il convient* (1) *surtout d'en retenir que c'étaient des mesures purement nationales, prises par chaque Etat dans la plénitude de sa souveraineté et sans considération pour leurs répercussions internationales.*

Mais toute une série de considérations allaient bientôt changer la face du problème et le compliquer, d'une part, en lui donnant de plus en plus un caractère international, d'autre part, en le revêtant

(1) *L'aspect juridique de l'Immigration ouvrière.* William Oualdi.

d'un caractère social et en attribuant à « l'immigrant », comme tel, un statut juridique particulier différent de celui de l'ensemble des étrangers résidant dans le pays. »

Le traité de Versailles devait fortement contribuer à cette nouvelle orientation de la législation de l'immigration, et avec l'Organisation Internationale du Travail, l'œuvre de la coordination des diverses lois nationales, visant les mouvements migratoires, devait être poursuivi.

A cet effet, la Conférence Internationale du Travail, lors de sa première session, au mois d'octobre 1919 *à Washington, a invité le Conseil d'administration du Bureau International du Travail à constituer un service technique et une Commission Internationale de l'Emigration, pour étudier les mesures propres à protéger les immigrants et à réglementer les migrations.*

Réunie à Genève, du 2 *au* 11 *août* 1921, *cette Commission, après avoir élaboré un programme, qui a été soumis à la Conférence Internationale du Travail d'octobre-novembre* 1921, *a adopté la résolution suivante :*

« La Commission demande au Conseil d'administration du Bureau International du Travail de vouloir bien prendre toutes mesures pour que le service technique de l'Emigration, assisté au besoin de quelques experts, examine le problème de la coordination internationale des lois concernant les migrations » (1).

Ce caractère international de la législation des mouvements migratoires a marqué de sa forte empreinte la politique française.

(1) *Emigration et Immigration.* Bureau International du Travail.

Dans cette étude, nous nous proposons, en premier lieu d'établir la nécessité pour la France d'une politique de l'Immigration, nécessité qui provient, d'une part, de sa trop faible natalité aggravée par les pertes de la guerre et, d'autre part, du dépeuplement des campagnes.

Nous serons amené ensuite à considérer les différents courants d'émigration vers la France, en examinant les tendances françaises et, à l'opposé, celles déjà anciennes des pays d'émigration, auxquelles les principes actuels ont donné une nouvelle vigueur.

Avec la réglementation qui est née de la guerre, nous constaterons un nouvel aspect du protectionnisme, dans lequel pays d'immigration et pays d'émigration se sont rencontrés, les uns pour protéger leur main-d'œuvre nationale, les autres, en apparence pour ménager leur puissance de concurrence internationale, en réalité, pour veiller sur les intérêts de leurs ressortissants émigrés.

« *Au protectionnisme commercial se superpose le protectionnisme ouvrier. A la crainte de la concurrence des produits s'ajoute celle de la rivalité des hommes* » (1).

Envisageant les principes directeurs de la politique française, qui se réfèrent à la recommandation adoptée par la Conférence Internationale du Travail de 1919, *nous essaierons de démontrer, en nous plaçant au point de vue de la France, seul pays d'immigration en Europe, profondément bouleversé par la guerre, combien l'application de ces principes, si équitables qu'ils puissent être, risque d'être onéreuse, sans présenter de réels avantages, tout au moins quant au résultat cher-*

(1) *L'aspect juridique de l'Immigration ouvrière.* William OUALID.

ché, qui est la protection de la main-d'œuvre nationale.

Il nous a semblé que la stipulation de la réciprocité de traitement était vaine dans ses effets à l'égard de la France, si ce n'est qu'elle pouvait momentanément poser des limites à des concessions plus étendues, en attendant que la législation sociale des pays d'émigration, lorsqu'elle est moins libérale, ait fait des progrès suffisants pour être comparable à la sienne.

« *A l'égalité* (1) *absolue et sans contre-partie, on préfère le système de la réciprocité, limitant les avantages consentis aux étrangers dans leur pays de résidence à ceux consentis par leur pays d'origine aux nationaux de leur pays de résidence. Réciprocité d'ailleurs souvent platonique et illusoire, en fait, mais satisfaisant à l'idée de justice commutative.* »

D'autre part, sans méconnaître l'idée généreuse contenue dans le principe de l'égalité de traitement sans aucune condition, que beaucoup estimait devoir être admis, il nous a paru opportun que ce principe ait été réservé, au moment où, par suite des circonstances, les nations se renfermaient de plus en plus dans la considération de leurs intérêts particuliers.

Nous examinerons ensuite, en nous tenant toujours au point de vue de la protection et de l'opportunité, les réalisations, c'est-à-dire les différents traités et les conventions de travail contractés par la France, qui ont abouti à la création d'un type, dont devront s'inspirer les négociateurs des accords futurs et qui nécessairement aura une répercussion très importante même sur les accords dans lesquels la France ne sera pas

(1) *L'émigration moderne et les solutions internationales des problèmes de l'émigration.* W. OUALID. Semana de Conferencias sociales, 24-29 mars 1924.

intéressée. Ainsi, par une voie latérale, il semble que l'on parviendra, quoique plus lentement, aux ententes très larges que l'on espérait, à la suite de la guerre, pouvoir réaliser par de grandes conventions internationales.

« *Nous* (1) *avons insisté sur ces conventions, tant en raison de leur nouveauté et de leur hardiesse, que parce qu'elles constituent, vraiment, par leur contenu, de véritables anticipations sur la législation internationale du travail. La clause de la nation la plus favorisée qui y est introduite, au moment où elle disparaît des traités de commerce, en indique bien l'esprit humanitaire et la tendance libérale.* »

(1) *L'émigration moderne et les solutions internationales des problèmes de l'émigration.* W. Oualid. Semana de Conferencias sociales 24-29 mars 1924.

LA POLITIQUE DE L'IMMIGRATION EN FRANCE
DEPUIS LA GUERRE DE 1914

CHAPITRE PREMIER

DE LA NECESSITE POUR LA FRANCE D'UNE POLITIQUE DE L'IMMIGRATION : LA CRISE DE LA POPULATION ; L'EXODE RURAL

Naguère, les Etats ignoraient ou attachaient peu d'intérêt aux mouvements migratoires (1), si ce n'est dans certains pays extra-européens, pour réglementer et contrôler l'entrée des immigrants, et dans quelques autres nations de forte émigration, pour tenter par des dispositions législatives de sauvegarder les intérêts de leurs émigrants.

La guerre, par ses conséquences, a démontré l'importance du capital humain. Il faut voir en cela des causes politiques, économiques et même psy-

(1) En France, loi du 8 août 1893, modifiée par l'article 9 de la loi du 16 juillet 1912, et l'article 164 du Code du Travail.

chologiques : cette richesse a paru d'autant plus précieuse, que les pertes en avaient été plus sensibles. Détenant un bien convoité, certains pays ont demandé, pour le céder, des garanties, des avantages ou des concessions ; les autres nations, et particulièrement la France, possédant un territoire pauvrement peuplé, les ont accordés.

Il y a, semblerait-il, une antinomie à voir la France, avec un territoire des plus riches, avec une heureuse conformation, avec un bon climat, souffrir du manque d'hommes. Comment expliquer, par contre, que certains pays pauvres, soit par leurs éléments naturels, soit par leur non-exploitation, possèdent une population en excédent, rendant l'émigration inévitable tel un remède.

En ce qui concerne la France, on ne peut voir là un état endémique. Ce malaise ne date que d'un demi-siècle, rendu plus pénible par la disproportion qui s'accroît entre son développement économique et la faible progression, ou la stagnation, du chiffre de la population. La France, qui représentait, au début du XVIIIe siècle, 40 % de la population des grandes puissances, n'en représente plus que 9 %.

Grâce à sa richesse économique et à ses possibilités de travail, les étrangers ont été attirés vers notre pays, et, une sorte de courant s'est établi, lui portant les travailleurs dont il manquait.

Avant 1914, par une introduction systématique, on avait cherché à intensifier la très ancienne immigration individuelle. En Meurthe-et-Moselle, des Italiens étaient employés dans les mines et dans les usines, dans le Nord, Belges, Luxembourgeois, Polonais suppléaient au manque de la main-d'œuvre nationale ; dans d'autres régions, il avait été procédé au recrutement de travailleurs dans les colonies. A cette époque, la France devait demander 600.000 unités à l'étranger.

Or, notre population en déficit sept fois, déjà, entre 1900 et 1913, les décès avaient été en excédent sur les naissances, a été amputée dans sa chair d'un nombre énorme de ses membres.

Comment évaluer, au point de vue social, l'étendue de nos pertes, des morts, « de nos blessés, et plus encore des malades de la guerre, de tous ceux qui sont rentrés chez eux grandis moralement, mais amoindris physiquement, astreints à des soins et à des précautions que les nécessités de l'existence ne leur permettent pas toujours, condamnés à vivre une vie diminuée, et souvent à procréer une descendance, qui, pour plusieurs générations, portera en elle les conséquences des dures années de guerre subies par leurs auteurs » (1).

Au 11 novembre 1918, les pertes totales de la guerre étaient de 1.394.388 morts ou disparus. Dans ce chiffre sont compris 10.515 officiers ou hommes d'équipages, appartenant à l'armée de mer. L'effectif total mobilisé ayant été de 8.563.450 hommes, le pourcentage des pertes totales s'établit à 16.83 % (2).

S'appuyant sur les rapports (3) fortement documentés de M. Louis Marin, Vice-Président de la Chambre des Députés, M. E. Michel a fait, à la date du 21 février 1923, une communication à la Société

(1) Rapport n° 6659, Session 1919, Chambre des Députés.

(2) Y compris 475.000 indigènes mobilisés par la France dans ses colonies.

(3) Rapports n°s 6235 et 6659, Session 1919, n°s 633 et 634, Session 1920, Chambre des Députés.

de Statistique de Paris, qui a été publiée, en opuscule séparé, sous le titre : « La réparation des dommages de guerre ». On trouve dans cette brochure le tableau comparatif des pertes des nations belligérantes par rapport au chiffre total de la population.

FRANCE (continentale)	1 pour 30 (1)
ANGLETERRE (non compris colonies) .	1 pour 66
ITALIE.	1 pour 79
ETATS-UNIS	1 pour 2.000
ALLEMAGNE	1 pour 35
(1 pour 27, d'après un document	américain).
AUTRICHE-HONGRIE	1 pour 50
RUSSIE.	1 pour 107

Cette proportion n'est établie qu'en tenant compte des seuls effectifs des armées de terre.

Avec les armées de mer les chiffres seraient modifiés ainsi :

FRANCE.	1 pour 30
ANGLETERRE	1 pour 64

M. Michel fait observer dans une note, que ces chiffres « sont des approximations basées sur les renseignements de diverses sources privées ou offi-

(1) 1 pour 28 « très au-dessous du minimum ». Rapport n° 6235, Session 1919, Chambre des Députés.
Plus récemment 1 pour 21.

cielles », et plus bas « que les quelques données nouvelles, connues actuellement, permettent de croire que ces chiffres sont légèrement inférieurs à la réalité ».

Quoi qu'il en soit, dans le chiffre de 1.394.388 morts ou disparus, attribué à la France, ne sont compris que les pertes au 11 novembre 1918, ainsi que « les blessés au feu d'avant l'armistice et morts après l'armistice ».

Le pays a dû encore enregistrer d'autres pertes, sur les chiffres desquelles il n'y a aucun renseignement officiel « morts au feu après l'armistice » :

« Non seulement, nous avons des troupes françaises dans les territoires qui nous importent directement, comme ceux de la rive gauche du Rhin ou en Syrie, mais il en a été envoyé partout où l'Entente, la Société des Nations, et la sécurité des peuples en avaient besoin ; en Bulgarie, en Silésie, au Sleswig, à Allenstein, à Fiume, en Hongrie » (1).

Aux hommes « morts sous les drapeaux », doit être ajoutée la tragique multitude de ceux qui sont allés « mourir chez eux », après leur retour immédiat, et aussi ceux qui meurent encore, tous les jours », des suites éloignées de leurs blessures, d'une part, et d'autre part, de multiples maladies contractées au front ». D'après de récentes statistiques, on atteint le chiffre de 700.000.

On ne peut omettre dans ce sombre bilan les victimes civiles, qu'il ne semble pas excessif d'évaluer à 50.000 (2).

« L'importance sociale des pertes ne croît pas du

(1) Rapport n° 633, Session 1920, Chambre des Députés.
(2) Rapport n° 6659, Session 1919, Chambre des Députés.

tout en proportion mathématique avec leurs chiffres ; dès que certains chiffres considérables sont atteints, des dommages particulièrement graves lèsent le corps social, soit directement, soit parce que des professions de toutes nécessités sont spécialement éprouvées, soit parce que des régions n'ont plus suffisamment de travailleurs, soit parce que des familles perdent leur chef et leur soutien » (1).

On trouve dans ces lignes une réponse aux essais de « capitalisation » de nos pertes qui ont été tentés. Ces essais ne seront jamais que des moyennes très éloignées de la vérité, auxquelles il faut, cependant, reconnaître un grand intérêt : la comparaison sensible de nos pertes avec celles éprouvées par nos anciens alliés.

En ce qui concerne l'armée de terre, — nous ne tiendrons pas compte ici de l'armée de mer dont le recrutement est très spécial — la masse civile mobilisable était, en 1914, de 12.644.000 hommes, 7 millions 935.000, 20 % du chiffre de la population française continentale, furent mobilisés. 1.383.800 sont tombés, qui se répartissent suivant le tableau ci-contre (2).

Son « intellectualité » à l'extérieur, sa population rurale à l'intérieur, étaient les solides piliers sur lesquels s'appuyait la « force sociale fondamentale de la France ».

M. Marin, dans son rapport, déjà cité, souligne les conclusions de M. Jean Rey, dont les « chiffres de base sont cependant très au-dessous de la vérité ». Les professions intellectuelles, dans lesquelles ne

(1) Rapport n° 633, Session 1920, Chambre des Députés.
(2) Cf. *La réparation des dommages de guerre*. E. Michel.

Catégories	Mobilisables	Répartition %	Mobilisés	Répartition %	Morts et disparus
Agriculture	5.237.000	41.40	3.586.000	45.30	673.700
Industrie	3.406.000	26.95	2.338.000	29.44	267.400
Commerce.	1.228.000	9.71	842.000	10.60	196.720
Domestiques.	34.000	0.27	23.600	0.30	» (1)
Professions libérales .	310.000	2.45	212.000	2.62	71.070
Usines et Carrières. .	246.000	1.95	168.400	2.11	» (1)
Services publics. . .	640.000	5.06	222.000	2.78	55.240
Transports.	1.543.000	12.21	543.000	6.85	99.240
Total	12.644.000	100.00	7.935.000	100.00	1.363.370 (2)

(1) M. Michel fait observer que les catégories «domestiques et usines et carrières» paraissent avoir été rattachées à « l'industrie et au commerce ».

(2) Egalement la dernière donnée est incomplète.

sont compris ni les ingénieurs et techniciens, ni les dirigeants du Commerce, ont perdu 109.30 %, et l'Agriculture 17.50 %, en excédent de ce qu'elles auraient dû perdre.

M. Marin ajoute :

« Nous citons son travail (de M. Jean Rey), non pour faire remarquer le glorieux privilège des professions intellectuelles et agricoles, mais pour rappeler que les premières rencontraient déjà en France un recrutement difficile, et que les secondes manquaient totalement de main-d'œuvre avant la guerre ».

La France a encore éprouvé un grave dommage avec la diminution considérable de sa puissance économique, résultant soit de l'affaiblissement, soit de l'incapacité totale ou partielle de ses nombreux blessés.

Les chiffres en sont difficiles à préciser, car, les données obtenues du Service de Santé font état seulement des entrées dans les hôpitaux, et beaucoup d'hommes ont été blessés plusieurs fois.

M. Marin (1) s'arrête au chiffre moyen d'une blessure et demie par homme, et il évalue le nombre des blessés à 2.800.000, tout en faisant observer que ces chiffres ne représentent qu'une moyenne.

Avec les malades, probablement aussi nombreux, beaucoup ignorés, il faut prévoir des conséquences peut-être plus graves pour la nation, que l'on enregistre déjà par une augmentation considérable de la mortalité, suite de la tuberculose et d'autres maladies spécifiques, sans pouvoir omettre les effets lointains que ces maladies auront sur la natalité.

(1) Rapport nº 633, Session 1920, Chambre des Députés.

Il faut encore tenir compte de toutes les conséquences indirectes de la guerre qui ont affecté la natalité, et ont aggravé la mortalité, surtout infantile.

De nos pertes sanglantes en hommes qui auraient fondé des foyers, il est résulté un excédent de population féminine qui ne peut être évalué à moins de 2.000.000 ou 2.500.000 unités vouées au célibat. « Un grand nombre d'hommes jeunes disparaissant dans un pays, ce n'est pas seulement la génération présente qui est frappée, mais, des foyers ne pouvant être fondés, c'est pendant une suite de générations que la guerre produit ses effets néfastes » (1).

Un million (2) d'hommes environ, sur le total de nos pertes, étaient âgés de 20 à 40 ans.

La mortalité infantile, enfin, a été considérable pendant toute la période de la guerre. « Privations de toutes sortes, travail à l'usine ou à l'atelier de la mère obligée, par l'absence du chef de famille, de subvenir à ses besoins et à ceux de ses enfants, pénurie de lait, absence de médecins, etc., etc., tout autant de causes dues à la guerre qui ont accru la mortalité infantile et contribué ainsi à la dépopulation » (3).

En outre, le chiffre des naissances qui, en 1913-était de 604.811, n'est plus que de 405.000 pendant les années de guerre.

Il serait difficile, sinon impossible, de faire un total, même moyen, de toutes ces pertes. En effet, avec les conséquences immédiates de la guerre,

(1) Rapport n° 633, Session 1920, Chambre des Députés.
(2) Rapport n° 6659, Session 1919, Chambre des Députés.
(3) *Idem.*

nous avons aperçu des effets lointains, dont il serait vain de se dissimuler l'importance.

« La population du territoire actuel de la France, l'Alsace-Lorraine comprise, était, en 1913, de 41.476.472 personnes ; en 1920, elle était réduite à 39.144.150 personnes. La guerre nous a donc coûté 2.381.722 vies humaines, dont environ 1.400.000 sacrifiées sur le champ de bataille, et le surplus provenant du déficit des naissances, consécutif à la mort, ou, à l'absence des pères de familles. En d'autres termes, elle nous a enlevé 5,7 % de notre population, déjà si insuffisante » (1).

Au point de vue économique, ces pertes effroyables étaient encore aggravées dans leurs effets par le pillage méthodique et la destruction de la plus riche partie du pays. « Pour sa part, la France avait eu 4.255.089 hectares envahis ou bombardés, 794.040 immeubles d'habitation ou de commerce détruits ou endommagés, 22.900 usines, 17.616 édifices publics, ses routes, ses chemins de fer, etc., sur plus du douzième de son territoire » (2).

Cent quatre-vingt-neuf (3) milliards (non compris les pensions et la réparation des dommages de guerre) avaient été dépensés pour la guerre proprement dite, correspondant à 21,5 % de la richesse nationale. Trois cent soixante (4) milliards étaient

(1) *La crise de la natalité et la croisade pour la repopulation.* Fénelon Gibon.

(2) *La réparation des dommages de guerre.* E. Michel.

(3) *Idem.* M. Marin, dans le rapport n° 6659, Session 1919, Chambre des Députés, admet le chiffre de 159 milliards, comme représentant la dépense de guerre jusqu'au 31 décembre 1919, chiffres non définitifs et donnés seulement comme indication d'ordre de grandeur.

(4) *La réparation des dommages de guerre.* E. Michel.

portés au passif de la France, du fait de la guerre et de la banqueroute volontaire de l'Allemagne (1).

La situation démographique de la France, déjà très faible avant la guerre, a été singulièrement aggravée par les pertes que nous venons d'indiquer, subies par la partie la plus précieuse de sa population. Il y a, pour une nation, un intérêt vital à maintenir un équilibre entre sa population et les diverses forces extérieures ou intérieures. Contre les premières, une forte population sera une sauvegarde capable de prévenir une tentative d'agression ; en même temps, la voix de ses représentants aura plus de poids dans les Conseils internationaux, et son influence croîtra avec la diffusion de son génie et de sa langue. A l'intérieur, cette nécessité était déjà aperçue, aussi bien par les mercantilistes, s'attachant à soutenir et à augmenter la production, que par les physiocrates, cherchant la richesse dans la terre.

En fait, la politique royale avait le souci de la population et de son accroissement. Déjà malgré la forte proportion de Français en Europe, les écrivains s'inquiétaient de la faible progression des chiffres.

En 1789, la France comptait encore 26 millions de Français, contre 12 millions d'habitants en Angleterre, 18 millions en Autriche, 5 millions en Prusse et 25 millions en Russie. On recherchait les causes d'un accroissement trop lent, et, il est assez étonnant de retrouver, chez les auteurs du XVIIIe siècle,

(1) Il y a lieu d'ajouter 11 milliards de journées de mobilisation, se traduisant par la somme de 55 milliards de francs, environ, sans compter les combattants, venus de nos colonies.

l'énumération de causes semblables à celles énoncées actuellement.

Avec la doctrine de Malthus, mal comprise, plus mal traduite encore, pendant toute la première partie du XIXe siècle, le souci a été inverse, et, il semble que, dans ce grave problème les gouvernements successifs aient été dominés par des craintes provenant d'une doctrine sujette aux plus décisives objections et aux plus sévères critiques, sans prêter attention aux réalités. « Il convient d'encourager les hommes à faire des épargnes plutôt que des enfants », écrivait Jean-Baptiste Say.

Cependant, la forte proportion française en Europe ne devait pas tarder à devenir une minorité, alors que, très rapidement, les populations étrangères s'accroissaient, que des masses d'hommes, sans liens jusque-là, s'agloméraient, et que leur natalité prenait un essor vigoureux.

Dans un livre paru à Munich, en 1898, « L'arrêt de la population en France », M. Goldstein pouvait écrire que tout l'effort de l'Etat, avant 1870, tendait à diminuer la population, et, il citait, à tort, la municipalité de Versailles offrant un prix de « tempérance », en 1852, récompense de la limitation volontaire de la famille. Ce fait a été déclaré inexact par M. Alfred Neymarck, dans un rapport à la Commission extra-parlementaire de la dépopulation, « sur les causes de la dépopulation » (1), à la suite de recherches faites dans les Archives de la ville. Si en 1851, 1852 et 1853, des prix de tempérance ont été offerts, ils ne concernaient nullement des récom-

(1) Conclusions adoptées par la Sous-Commission de la Natalité, en date du 15 décembre 1905.

penses à attribuer aux familles plus ou moins nombreuses. M. Goldstein citait encore une circulaire, en date du 11 novembre 1833, émanant du Préfet de la Somme, recommandant aux familles pauvres d'éviter « avec un soin extrême, de rendre leur ménage plus fécond que leur industrie » (1).

M. Neymarck, dans le rapport précité, résume ainsi les idées des économistes allemands, et on ne peut que déplorer leur concordance avec la politique française du début du siècle :

1° La surpopulation plus à craindre que la dépopulation ;

2° La dépopulation facile à combattre par des réformes économiques, tendant à accroître la production nationale ;

3° La volonté, pleinement efficace d'ailleurs, et pouvant toujours remédier à la situation, surtout, dans le cas de dépopulation.

L'inanité de ces craintes, et malheureusement, aussi, l'inanité des remèdes proposés à la dépopulation, apparaît maintenant dans toute son ampleur.

Après la guerre de 1870, et sous le poids de la défaite, diverses mesures destinées à aider les familles nombreuses, furent envisagées, d'une manière fragmentaire, en matière d'enseignement et en matière d'impôt, s'engageant dans la voie tracée par la Monarchie (2) et reprise par la Révolution. Il semble que la vraie cause de la décroissance, malaise moral, ou plutôt crise aiguë de la moralité, tel que le fait

(1) Cette circulaire est en accord avec la doctrine de Malthus en faisant appel à la « restreinte morale ».
(2) Edit de Saint-Germain-en-Laye, 1666.
Loi du 27 octobre 1790.
Loi du 28 juin 1793.

se présente à notre époque, aggravé depuis une quarantaine d'années par des lois de partis atteignant une grande majorité de citoyens et les familles, ait été volontairement négligée par les législateurs, qui, s'en tenant à des causes économiques et secondaires, dont on ne peut nier d'ailleurs l'importance, n'ont voulu prendre que des mesures de cet ordre.

Déjà avant 1914, avec « l'Alliance Nationale pour l'accroissement de la population française », mais, surtout depuis la fin de la guerre, un très vif mouvement d'opinion, engendré uniquement par le souci des destinées de la nation et groupant la pensée d'hommes de partis divers, a pris naissance, tendant à montrer tout l'aspect moral de cette grave question, et à en indiquer les remèdes principalement moraux, en tout premier lieu, l'abrogation de certaines lois, dont le moins que l'on puisse dire est qu'avec l'oppression des consciences et la désorganisation de la famille, elles visent ouvertement à la ruine de l'éducation spirituelle de l'enfant (1), sans méconnaître l'utilité des mesures déjà proposées, propres à aider la fondation et l'accroissement des familles.

Le 25 mars 1924, M. le Pr Calmette faisait à ses collègues de l'Académie de Médecine une communication relative à la natalité et à la mortalité depuis un siècle. Il rappelait qu'à la séance de l'Académie de Médecine du 29 mai 1923, il avait montré que la mortalité, par maladies infectieuses, était en grande décroissance depuis trente-cinq ans,

(1) Cf. *La France qui meurt*, Gustave Hervé.

Cf. L'opinion du Docteur Variot, Membre du Conseil Supérieur de la Natalité, dans le journal *La Volonté*, 27 mars 1924. Eugène Aubin.

mais que la moyenne de 90.000 vies humaines sauvegardées annuellement était encore insuffisante, et, il produisait la courbe des naissances et des décès, depuis 1806, établie par M. Moine, Statisticien du Comité National de défense contre la tuberculose, d'après les documents officiels. « Cette courbe montre que si, pendant la première moitié du dernier siècle, le nombre des naissances, par mille habitants, est resté notablement supérieur à celui des décès, les chiffres tendent à se rapprocher depuis 1855 ; à partir de 1890, les deux courbes s'entremêlent, et, de 1914 à 1919, celle des naissances fait une chute qui ne peut que nous inspirer d'amères réflexions. »

En 1801, pour une population de 27.347.800 habitants, la France enregistrait 904.000 naissances, en 1851, 971.000 naissances pour 35.783.170 habitants. En 1911, il n'y a plus que 743.000 naissances pour 39.601.509 habitants. Le taux, pour 1.000 habitants, a décru de 31,3 à 27,1, et, en 1911, à 18,7. En 1920, après une diminution très sensible durant les hostilités (13,9 °/°°), on pouvait constater un relèvement avec 834.411 naissances (21,3 °/°°) pour une population de 39.144.150 habitants (1).

Mais, ce relèvement, purement apparent d'ailleurs, se traduit, au contraire, par une énorme diminution de la fécondité des mariages, étant donné la grande augmentation de la nuptialité. De 2,48 par

(1) En y comprenant 1.709.749 habitants des départements d'Alsace-Lorraine.

Nous nous sommes inspirés dans ces développements de l'excellente brochure *La crise de la natalité et la croisade pour la repopulation*, de M. Fénelon Gibon et des statistiques publiées par le Ministère du Travail.

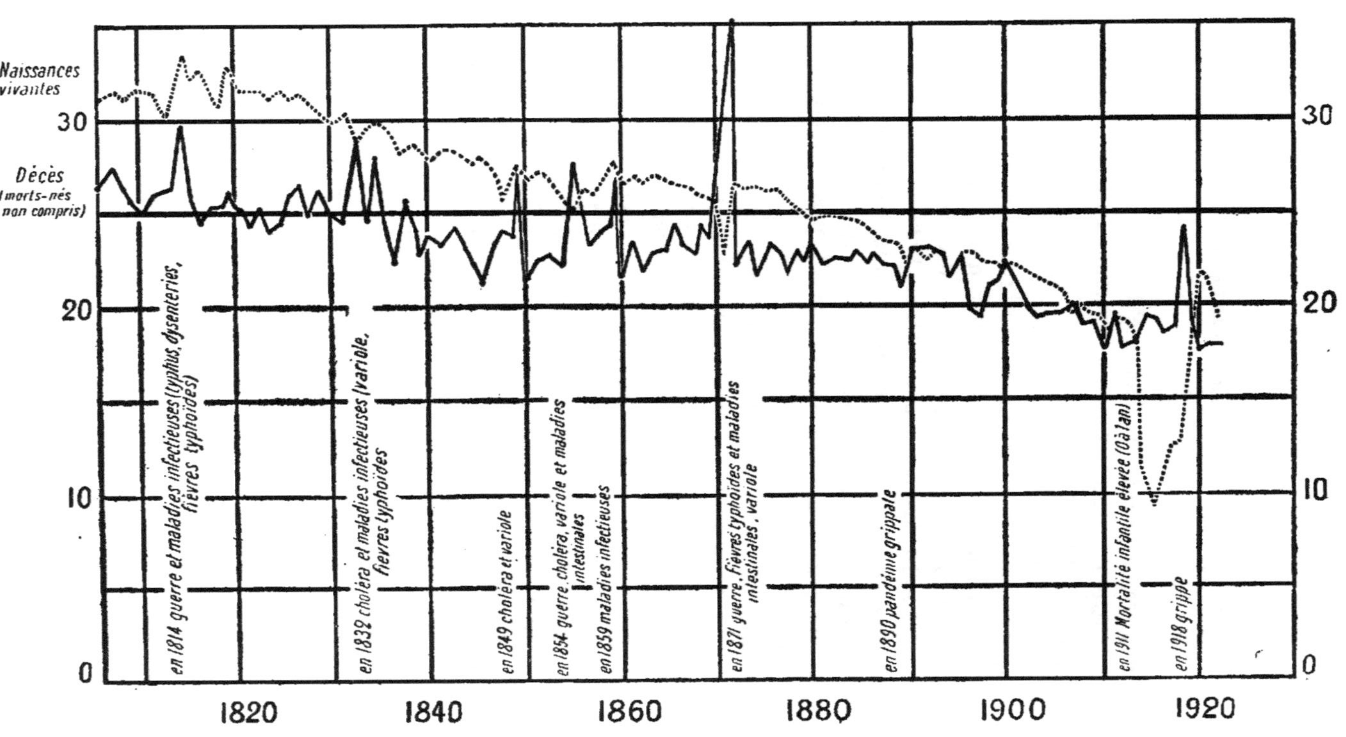

Naissances vivantes
Décès (morts-nés non compris)
30
20
10
0
en 1814 guerre et maladies infectieuses (typhus, dysenteries, fièvres typhoïdes)
en 1832 choléra et maladies infectieuses (variole, fièvres typhoïdes
en 1849 choléra et variole
en 1854 guerre, choléra, variole et maladies intestinales
en 1859 maladies infectieuses
en 1871 guerre, fièvres typhoïdes et maladies intestinales, variole
en 1890 pandémie grippale
en 1911 Mortalité infantile élevée (0 à 1 an)
en 1918 grippe
1820
1840
1860
1880
1900
1920

mariage, en 1913, la fécondité tombe à 1,66, alors qu'entre 1860 et 1870, la proportion était de 3,33, après 4,5 en 1801.

La fin de la guerre a permis la réalisation d'un grand nombre de mariages, retardés pendant cinq ans. Le nombre moyen annuel qui avait été de 305.931 (1) (7,35 %o) pendant la décade 1901-1910, s'est élevé à 623.869 (15,6 o/oo) en 1920, et le déficit des années 1914 à 1918 a été presque complètement compensé par les mariages contractés en 1919 et 1920 ; l'accroissement est de 96 % par rapport à 1913.

En 1922, le chiffre des naissances revient à 759.846 (19,4). Le nombre moyen de naissances par mariage s'est légèrement relevé à 1,98; mais, à ce relèvement, a correspondu une grande diminution du nombre des unions, 383.220 seulement, qui s'accentue encore durant l'année 1923, avec 356.501 mariages, tandis que la natalité augmente légèrement avec 761.861 naissances.

Il n'est pas sans intérêt de comparer la situation des 87 départements français d'avant-guerre avec les 3 départements recouvrés d'Alsace-Lorraine, car, leur influence s'est fait sentir sur les naissances.

Naissances (1922)	Total	0/00
Ensemble des 87 départements d'avant-guerre	721.996	19.2
Départements d'Alsace et de Lorraine	37.850	22.1
Ensemble de la France actuelle	759.846	19.4

(1) 200.000 en 1801.

Mariages (1922)	Total	0/00
—	—	—
Ensemble des 87 départements d'avant-guerre	366.793	9.8
Departements d'Alsace et de Lorraine . .	16.427	9.6
Ensemble de la France actuelle.	383.220	9.8

Pour les trois départements recouvrés, durant l'année 1922, avec un taux légèrement inférieur de mariages, on enregistre un taux bien plus élevé de naissances.

Dans une conférence (1) au « Musée Social », le 7 mars 1923, M. Isaac nous renseigne sur la répartition des enfants dans l'ensemble des familles françaises, d'après le recensement de 1911.

« On a recensé, en 1911, 10.774.104 familles ou ménages : 2.606.474 n'avaient pas d'enfant ou n'en avaient pas déclaré, 3.011.026 n'avaient qu'un enfant, 2.557.949 en avaient 2, 1.516.035 en comptaient 3, 880.914 en comptaient 4, 793.185 en ont déclaré 5 ou 6, enfin 331.072 familles se flattaient d'avoir 7 enfants et plus.

« Il ressort de ce tableau que 22,4 % des familles françaises sont sans enfant ; 25,7 % n'en ont qu'un 21,9 % n'en ont que 2, 12,9 % en ont 3, 7,5 % en ont 4, 6,8 % en ont 5 ou 6, et enfin 2,8 % en possèdent 7 et plus.

« Comme il faut plus de 2 enfants par ménage pour maintenir la population, et que les trois premières catégories font ensemble 69,9 % des ménages, il est facile de comprendre pourquoi notre popu-

(1) Fénelon GIBON, déjà cité.

lation diminue. Il ne reste que 30 % des ménages, soit moins d'un tiers, pour combler les vides » (1).

Il est certain que « l'influence fécondante de la victoire » (2) ne s'est pas encore manifestée. Tous les Etats ont connu de longues et graves crises, périodes de bouleversements, qui ont précédé et suivi les guerres. La France vient de soutenir la lutte la plus sanglante de tous les temps, venant après quatre invasions subies depuis 1789 ; sa grandeur spirituelle n'a jamais été plus vive, et l'on doit espérer, qu'avec une paix, qui n'est pas encore effective, et grâce à tous les efforts convergents, la famille française pourra se reconstituer.

En s'efforçant d'agir sur le taux de la mortalité, on pourrait remédier, dans une certaine mesure, aux inconvénients d'une trop faible natalité par là serait augmenté l'écart entre les naissances et les décès. On constate déjà un abaissement très sérieux, bien qu'insuffisant ; de grands progrès sont à réaliser, et l'action peut rapidement devenir productrice de résultats.

Pour 26,8 décès, pour 1.000 habitants, en 1806, on constate 22,3 décès, en 1851 et 20,1, en 1901.

(1) M. Gustave HERVÉ, dans *La France qui meurt*, donne la répartition suivante :

955.000	familles	françaises	ont	4	enfants	
315.000	—	—	—	6	—	
185.000	—	—	—	7	—	
95.000	—	—	—	8	—	
45.000	—	—	—	9	—	
21.000	—	—	—	10	—	
8.000	—	—	—	11	—	
3.500	—	—	—	12	—	
1.400	—	—	—	13	—	
500	—	—	—	14	—	
400	—	—	—	15	—	et plus.

(2) *L'Etat et la natalité.* M. DE ROUX.

Avec 674.621 décès, en 1920 (1), la proportion n'est plus que de 17,2. L'excédent des naissances sur les décès a été de 159.790, soit 4,1 pour 1.000 habitants, chiffre qui n'a été dépassé que deux fois en cinquante ans, dans les années 1872 et 1874. Pendant la période 1901-1913, l'excédent n'avait été, annuellement, que de 58.000 naissances environ, pour l'ensemble du territoire actuel. En 1922, la proportion des décès se relève légèrement à 17,6, avec 689.267 décès; mais l'année 1923 se révèle plus satisfaisante, avec 666.990 décès, donnant un excédent de naissances de 2,4 pour 1.000 habitants, contre 1,8 pour l'année précédente.

Pour la mortalité encore, le retour de l'Alsace-Lorraine a contribué à en diminuer légèrement le taux. En 1922, ces trois départements ont eu une mortalité inférieure d'environ 20 % à celle des 87 départements d'avant-guerre, et l'excédent des naissances sur les décès s'y est élevé au chiffre de 7,9 pour 1.000 habitants, contre 1,5 pour le reste de la France (2).

Mortalité (1922)	Total	0/00
Ensemble des 87 départements d'avant-guerre	664.943	17.7
Départements d'Alsace et de Lorraine	24.324	14.2
Ensemble de la France actuelle	689.267	17.6

(1) Année de faible mortalité.

(2) 57.053 naissances en excédent dans les 87 départements d'avant-guerre, 13.526 dans les départements recouvrés.

Ces taux sont encore très élevés, et leur abaissement pourrait être recherché, assez rapidement, dans la réduction de la mortalité des enfants. Des pays, dont le climat et les conditions de vie sont bien moins favorables, notamment les pays scandinaves, sont parvenus à abaisser d'une manière très importante la mortalité infantile. En France, à part quelques mesures générales, tout le poids de la lutte est retombé sur les œuvres départementales et communales, ou privées, et celles-ci agissant sans aucune coordination, il en est résulté de très grandes différences, suivant les régions (1).

Au début du XVIIIe siècle, la France, qui représentait 40 % de la population totale des grandes puissances, toutes européennes, à cette époque, n'en possédait plus, en 1880, que 13 %. A l'issue de la guerre, qui nous a rendu l'Alsace et la Lorraine, la population française n'est plus que les 9 % de la population des grandes puissances mondiales, avec 39 millions d'habitants, alors que l'Allemagne (2) en compte 62, les Iles Britanniques 47, l'Italie 39,

(1) Dans le livre de M. Fénelon GIBON, *La crise de la natalité et la croisade pour la repopulation*, nous pouvons lire, à la page 24, cet extrait d'un des beaux articles de M. le Général MAITROT, dans *L'Echo de Paris*, sur « la grande pitié des berceaux de France » : « Dans la petite commune de Villiers-le-Duc (Côte-d'Or), le Maire, M. le Docteur MOREL, arrêta tout un ensemble de mesures prophylactiques et hygiéniques, à l'usage des mères et des enfants. Résultats : la mortalité infantile, qui n'était jamais descendue au-dessous de 15 % à Villiers-le-Duc, et qui avait atteint jusqu'à 33 %, est tombée à zéro, et, depuis 1914, aucun enfant, sur 54, n'est mort ».

(2) Pour ce pays, la diminution au recensement de 1921 s'explique très aisément par la restitution ou la perte de différents territoires. Pour la France, par suite de la perte de l'Alsace-Lorraine, le recensement de 1871 accusait un fléchissement de 2.250.000 hommes, par rapport à celui de 1870, bien supérieur relativement à la diminution constatée pour l'Allemagne, entre les années 1914 et 1921.

et que deux puissances extra-européennes (1) se sont développées dans de très fortes proportions : les Etats-Unis (2), avec 105 millions d'habitants, le Japon avec 58 millions. Dans tous ces pays, avec une nuptialité plus faible, on constate une proportion de naissances bien plus forte ; en d'autres termes, le nombre d'enfants par mariage est beaucoup plus élevé qu'en France. D'autre part, sauf en Espagne et en Italie, où beaucoup d'enfants meurent en bas-âge, de grands progrès ont été réalisés dans l'abaissement de la mortalité.

Voici comment se présentent en Angleterre, en Allemagne et en Italie, par comparaison avec la France, les différentes proportions. (Voir le tableau ci-contre).

Les différentes nations (3) ont eu, à supporter, une diminution très sensible de leur natalité ; aucune, cependant, n'a été aussi éprouvée que la France, et l'écart, entre les naissances et les décès, est encore partout considérable. Au surplus, contrairement à la décroissance française, le mouvement de régression, qui s'est manifesté chez ces nations, n'a encore qu'une courte durée, et il est difficile de comparer, avec sincérité, des chiffres de statistique antérieurs à 1914, avec ceux établis à la suite de la guerre.

On ne peut pas, cependant, ne pas être frappé de la diminution des différentes natalités. Pour ces der-

(1) Signalons la progression extraordinaire des Indes, de 180 millions d'habitants, en 1860, à 335 millions, et du Brésil, 3.200.000, en 1800, à 31 millions, en 1922.

(2) Il est remarquable que le chiffre de la population des Etats-Unis ait presque quadruplé en un demi-siècle.

(3) La plupart des pays extra-européens semblent échapper à cette décroissance, notamment le Japon, dont la forte natalité semble encore augmenter. Par contre, la population australienne est en voie de disparition.

Nombres relatifs pour 1.000 habitants, par an.

		Mariages	Naissances	Décès	Naissances en excédent sur les décès
		—	—	—	—
France	1871-1880	8,03	25,49	23,74	1,75
	1891-1900	7,52	22,21	21,59	0,62
	1920 (1)	15,6	21,3	17,2	4,1
	1921	»	20,7	17,7	3
Allemagne	1871-1880	8,60	39,06	27,13	11,92
	1891-1900	8,18	36,11	22,23	13,87
	1920	14,8	27,5	15,8	12,7
	1921	»	25,3	14,3	11
Angleterre	1871-1880	7,45	33,95	20,90	13,05
	1891-1900	7,38	21,94	18,25	10,88
	1920	10,5	25,4	12,4 (2)	13
	1921	»	22,7	12,3 (3)	10,4
Italie	1871-1880	7,6	36,9	29,8	7,1
	1891-1900	7,2	34,6	24,1	10,5
	1920	»	»	»	»
	1921	»	30,4	17,5	12,9

(1) Année très favorisée par la nuptialité d'après-guerre et par une faible mortalité. En 1922, la proportion des mariages est établie à 9,8, des naissances à 19,4, des décès à 17,6.

(2) Légèrement supérieur pour tout le royaume, les coefficients irlandais et écossais étant de 14,9 et 14, respectivement.

(3) L'Ecosse comprise.

nières années, les causes doivent probablement en être recherchées dans les suites de la guerre, et, aussi, dans la crise terrible de chômage qui a sévi sur toute l'Europe, et même sur certains pays extra-européens, avec l'émigration qui en a été la conséquence.

Il n'en reste pas moins que, pour les différents Etats, les excédents des naissances sur les décès sont encore, dans les années normales, si considérables, qu'il ne peut y avoir aucun point de comparaison entre leur situation et celle si critique de la France (1).

Cette situation est encore aggravée par le courant qui porte les habitants des campagnes vers les villes, « l'urbanisation », dans lesquelles la proportion des naissances, par mariage, est plus faible, en même temps que la mortalité augmente.

Ce phénomène démographique général est devenu, surtout, sensible dans la dernière partie du XIXe siècle. Ce n'est pas qu'auparavant, et dans les temps les plus anciens, quelques grandes villes n'aient exercé une attirance particulière, provenant de la réunion en un même endroit des éléments les plus divers

(1) Nous donnons à titre d'indication ce tableau des naissances et des décès italiens, communiqué par *L'Alliance Nationale pour l'accroissement de la population française* :

	NAISSANCES	DÉCÈS	EXCÉDENT DE NAISSANCES
	—	—	—
1913	1.122.482	663.966	458.512
1920	1.123.204	663.278	459.926
1921	1.086.149	625.136	461.013
1922	1.124.512	660.747	463.765

L'excédent pour 1922 est de 470.000, avec les nouvelles provinces annexées, dont la population atteint 1.559.000 habitants. En 1922, en France, il n'y a que 759.846 naissances, et l'excédent des naissances sur les décès est de 70.579.

qui paraissaient propres, par leur rassemblement, à de nombreux profits. En France, Louis XIII cherchait à enrayer ce mouvement en interdisant la construction de nouvelles maisons dans Paris, et il rendait à cet effet un édit en 1627.

L'ampleur générale, prise par ce phénomène dans les temps modernes, paraît être explicable par les mouvements géographiques qui se sont produits. De grands Etats sont nés, certaines villes, qu'ils renfermaient, ont pris divers aspects d'importance ; en même temps, les différentes populations se sont accrues dans des proportions considérables, et les campagnes paraissant peu aptes à supporter et à alimenter cet excédent de nouveaux travailleurs, très naturellement, ceux-ci ont été attirés vers les villes dont les facultés d'emploi semblaient sans limite, et, dans lesquelles, le travail paraissait moins pénible, assurés aussi de plus de certitude dans la rémunération.

Depuis 1850 le nombre des grandes villes (1) a considérablement augmenté.

Nombre de villes de plus de 100.000 *habitants en* (2)

	1920	1910	1880	1850
	—	—	—	—
GRANDE-BRETAGNE..	50	50	26	9
FRANCE	15	15	10	8 (1866)
BELGIQUE	5	4	4	3 (1856)
ALLEMAGNE.........	46	48	15	4
ESPAGNE	9	8	5 (1877)	4 (1857)
ITALIE............	16	13	11	10 (1862)

(1) Villes de plus de 100.000 habitants.

(2) *Annuaire statistique de la France*, 1922.

Un parallèle pourrait être établi entre l'action de ces grandes villes, qui a ruiné l'importance de beaucoup d'autres villes, autrefois florissantes, et entre l'action de la grande industrie ou des grandes banques. Ces grands établissements, qui avaient englouti les petits et les moyens, se sont éliminés ou englobés mutuellement grâce à un véritable pouvoir d'attraction que conférait à certains d'entre eux l'étendue croissante de leurs affaires ou les ressources dont ils disposaient. En même temps, leur concentration s'effectuait autour de quelques grandes villes ou dans leurs environs. Il y avait, pourtant, une véritable utilité que la répartition en fût faite sur tout le territoire. En fait, on ne peut voir dans cette concentration qu'un des aspects de l'urbanisation, confirmant surtout l'avènement de la grande ville.

Ce même pouvoir d'attraction, nous pouvons le constater avec l'essor qu'ont pris certaines villes. Si leur développement pouvait trouver une cause et une explication dans l'accroissement de la population, au contraire, avec une population stagnante ou décroissante, il devait cesser de se produire, ne pouvant plus se réaliser désormais qu'aux dépens d'autres villes moins avantagées, ou surtout, à l'aide des populations nécessaires dans les campagnes, et qui pouvaient y travailler fructueusement. Nous nous trouvons en présence du phénomène, tel qu'il s'est produit en France.

Il y a lieu de remarquer que ce sont presque uniquement quelques grandes villes, et surtout Paris ou sa banlieue, ainsi que nous le démontrons plus loin par les chiffres des originaires des différents départements qui y ont été recensés (1) en 1911, qui ont seules bénéficié de cet afflux. On voit toute l'importance et la complexité de ce mouvement qui a donné naissance à de véritables phénomènes migratoires, les grandes villes étant inégalement réparties sur le territoire, et les déplacements de population se faisant hors du cadre des régions.

Pour bien apprécier les effets de ce mouvement, il faut tenir compte du chiffre total de la population et de son accroissement, de l'étendue et du caractère du pays. Essentiellement agricole, la France a été particulièrement affectée par ce phénomène ; ses campagnes se sont dépeuplées au bénéfice de quelques villes, qui n'ont cessé de croître malgré la diminution de la population. Les seuls départements, dont la population a augmenté dans les vingt dernières années, sont ceux qui renferment de très grandes villes, les départements industriels du Nord et de l'Est et quelques départements bretons. Il est vrai que si dans beaucoup d'Etats la misère et le paupérisme sévissaient dans ces lieux surpeuplés, conséquences d'une offre trop importante sur le marché du travail et du chômage, la France a échappé à ces maux à cause de la pénurie de sa main-d'œuvre (2).

La population rurale, qui, en 1846 (3), comptait 26.650.446 individus (75,6 % de la population totale), n'en comptait plus en 1911 que 22.093.318 (55,8). Actuellement, elle ne représente, même plus, la moitié de la population totale. La population

(1) Voir le tableau *in fine*.
Statistique générale de la France, tome Ier, 4e partie, 1911.
(2) Au mois de décembre 1922 on comptait 1.363 chômeurs.
(3) Statistique générale de la France.

urbaine passait de 8.751.315 individus (24,4 %), en 1846, à 17.508.940 (44,2), en 1911, et la proportion était renversée à la suite de la guerre (1).

Nous donnons plus loin (2) les variations de ces catégories de populations, par départements, entre les années 1906 et 1911, et les chiffres de l'émigration des campagnes et de l'immigration dans les villes, qui résultent de la différence entre les chiffres, tels qu'ils étaient estimés avec un accroissement normal, suivant les naissances et les décès, appliqués aux résultats de 1906 d'une part, et d'autre part, les chiffres constatés, lors du recensement.

Actuellement, il y a peu de précisions sur ce sujet, le recensement de 1921 n'ayant pas encore été dépouillé. Cependant, on a constaté que malgré la diminution du chiffre total de la population dans les seuls départements d'avant-guerre, la population des villes de plus de 30.000 habitants s'est accrue de 259.039 personnes.

Entre 1906 et 1910, la population urbaine a augmenté de 1.002.389 individus dans 65 départements, et a diminué de 30.683 dans les 22 autres. Durant la même période, la population rurale a augmenté de 24.336 individus dans 9 départements, mais, a diminué de 646.029 dans 78 départements.

Le nombre des départements, qui donnent un excédent d'immigration, est bien inférieur au nombre de ceux qui donnent un excédent d'émigration.

(1) Ces chiffres ne donnent pas une exactitude certaine, car ne sont comptés, pour la population rurale, que les agglomérations de moins de 2.000 habitants, et, beaucoup parmi celles-ci sont purement industrielles. En revanche, il y a quelques agglomérations supérieures à 2.000 habitants, qui sont uniquement agricoles.

(2) Voir ces variations des catégories de la population *in fine*.

Parmi les premiers, on en compte 25, et ce sont ceux qui renferment de grandes villes, ou qui sont dans leur voisinage, contre 62 pour les autres, parmi lesquels, on rencontre certains départements montagneux dans lesquels l'émigration est très forte. Avec les départements du Nord et du Pas-de-Calais, ce sont les départements de l'Ouest et du Midi dont les originaires émigrent le moins fréquemment.

Ces migrations intérieures ont eu les plus fâcheux effets. L'équilibre entre les différentes catégories de la population a été rompu, les terres, faute de bras, sont restées incultes, et, actuellement, on ne peut évaluer à moins de 2.000.000 d'hectares l'étendue non cultivée (1).

Voici la diminution des surfaces emblavées, pour trois cultures importantes, entre 1893 et 1922 (2) :

Blé...............	1893	7.073.000	hectares
—...............	1913	6.542.000	—
—...............	1922	5.290.000	—
Vignobles :.......	1893	1.821.000	—
—	1913	1.539.000	—
—	1922	1.396.000	—
Betteraves à sucre..	1893	259.000	—
— ..	1913	249.000	—
— ..	1922	116.000	—

Les cultures de céréales ont diminué d'une manière considérable, à la suite de la guerre (16 %), et on remarque une augmentation correspondante des prés et des herbages, conséquence du marque de

(1) 1913 : 31.181.000 hectares cultivés
1923 : 29.440.000 — —
en comprenant l'Alsace et la Lorraine dans les chiffres de 1923.

(2) *Annuaire statistique de la France*, 1922.

travailleurs et aussi, pour une bonne part, des bénéfices très élevés procurés par l'élevage.

	1913 —	1923 —
Céréales	13.428.325 hect.	11.350.900 hect.
Prés naturels	4.734.432 —	5.104.380 —
Herbages...........	1.436.602 —	1.753.050 —
Pâturages et pacages.	3.693.767 —	4.073.790 —
Landes et terres incultes	3.793.450 —	4.749.420 —

D'autre part, on doit envisager la grave répercussion de ce mouvement sur le chiffre de la population ; les campagnes en France, en sont considérées comme le réservoir, et il est incontestable que la fécondité des mariages y est plus élevée. Le nombre des naissances, pour un mariage, qui n'est que de 1,5 à 1,8 dans les villes, atteint 2,5 dans les campagnes.

Ce n'est pas que de graves mécomptes n'attendent ces individus brusquement transplantés dans un milieu différent, souvent sous un autre climat et, presque toujours, sans ressources. Accoutumés à une alimentation saine, ils ne s'habituent qu'aux dépens de leur santé à une nourriture de médiocre qualité, et souvent en quantité insuffisante, alors que leur vie nouvelle, malgré les apparences, entraîne une plus grande usure des forces physiques, que diminue encore l'abus des boissons nocives.

Bien plus déplorables sont ces déplacements lorsqu'ils atteignent toute une famille. Sous le Second Empire, le Play évaluait à 6.000 par an, le nombre des familles ainsi déracinées. De l'habitation humble, elles tombent dans les taudis sans air et sans lumière, dans lesquels les enfants meurent successivement. Beaucoup de ces familles sont comprises dans les 281.868 (1) personnes habitant à Paris des logements surpeuplés, dans lesquels elles s'entassent, et, où la tuberculose exerce ses tristes ravages.

A ces individus, qui travaillent la terre durant de longues journées, et dont l'effort, parfois, demeure stérile, les salaires des villes, en apparence plus élevés, rémunération assurée pour une journée de travail plus courte, semblent présenter de nombreux avantages, avec l'espoir, dans certains emplois, d'une retraite certaine. Ils n'aperçoivent pas l'existence misérable dont, le plus souvent, ils vont subir les rigueurs ; et leurs enfants, sur le concours desquels, très jeunes, à la campagne, ils auraient pu compter, ne pourront aider la famille qu'à un âge bien plus avancé.

Les conséquences de l'urbanisation ont été encore aggravées par les pertes particulièrement lourdes subies pendant la guerre par la population rurale, et la « terre » française a été mise dans une situation critique.

Il semble qu'il faille renoncer au « retour à la terre », mais, il faut envisager le « maintien à la terre » des jeunes gens (2).

Dans cette voie, on peut se rendre compte qu'il y a beaucoup à faire.

Avec les « Centres d'apprentissage agricole », dont

(1) Statistique de la Ville de Paris et du Département de la Seine, 1922.

(2) Cf. *Le Figaro*, 11 février 1923. « Le bonheur des peuples, dit M. Myron T. Herrick, repose sur l'importance qu'ils donnent à l'agriculture. »

les règles de fondation ont été fixées par M. Louis Ricard, Ministre de l'Agriculture, par un arrêté du 13 décembre 1919, on a cherché à remédier au problème de la main-d'œuvre agricole. Seize centres ont ainsi été créés, dans lesquels, des enfants de 13 à 18 ans, admis gratuitement, reçoivent des notions théoriques et surtout pratiques des travaux de la campagne. On ne peut, cependant, attendre de ces centres des résultats immédiats ; ils sont peu connus, et leur nombre est encore trop restreint. Mais, un progrès considérable pourrait être réalisé avec l'apprentissage agricole payé.

Il y aurait lieu, particulièrement, de faire bénéficier les ouvriers agricoles des nombreuses mesures de prévoyance et d'assistance dont profitent les ouvriers de l'Industrie, et, notamment, d'instituer le sursalaire familial (1), par l'intermédiaire de Caisses de compensation, comme cela est heureusement pratiqué dans l'Industrie. C'est ainsi que l'Etat oblige, par les décrets du 13 juillet 1923, modifiant les décrets du 10 août 1899, les entrepreneurs de marchés de travaux publics à servir à leur personnel des allocations familiales dont le taux varie suivant le nombre d'enfants.

Peut-on espérer que la libération de la propriété paysanne, sur qui pesaient de nombreux milliards en hypothèques avant la guerre, arrêtera cet exode ? Il y a là un facteur très important qui ne peut être négligé; mais, ses effets n'en seront véritablement sensibles que dans une certaine durée, car, c'est surtout au moment où la propriété sera transmise par succession que cette libération pourra donner de

(1) Proposition de M. Bokanowski.

très heureux résultats, soit par le retour, soit par le maintien à la terre des héritiers.

D'autre part, l'ancienne bourgeoisie, qui possédait les terres, tend à disparaître. En fait, elle avait déjà déserté les agglomérations agricoles pour habiter dans les villes ; mais ses propriétés sont passées, dans des proportions considérables, aux mains de ceux qui les cultivaient (1). Voici encore un deuxième facteur qui accroîtra la stabilité des familles paysannes, et, devenu propriétaire, le paysan demeurera attaché à sa terre.

Quoi qu'il en soit, la France ne peut pas attendre. Déjà en déficit avant 1914, tant pour la main-d'œuvre industrielle qu'agricole, la situation a été plus lourdement aggravée par les pertes de la guerre. Les immigrations saisonnières qui remédiaient en partie au dépeuplement des campagnes, ont cessé de se produire, et l'application de la loi de huit heures a réclamé une augmentation de 12 à 15 % des effectifs. Le besoin de main-d'œuvre s'est encore accru par la nécessité de reconstituer les plus riches départements agricoles et industriels, en même temps que d'intensifier la production dans toutes les branches de l'activité, pour réparer la perte et le retard résultant de quatre ans de guerre et la brèche énorme faite au capital de la nation.

« En tous cas, l'espoir d'un redressement démographique est à longue échéance ; les procédés législatifs mis en œuvre ou simplement à l'étude, pour

(1) Les cotes foncières, d'après le Ministère des Finances, sont en progression, ce qui indique une augmentation du nombre des propriétaires, et, probablement, une diminution du nombre des fermiers et des métayers.

l'accroissement de la population française, s'ils doivent être efficaces, n'auront effet utile que dans quelques lustres ; d'ici là, il faut aviser, il faut vivre, vivre en force et en nombre » (1).

Certaines nations, certains de nos anciens alliés, peuvent nous fournir cette main-d'œuvre qui nous manque, nos colonies, dans une certaine mesure, peuvent nous prêter des travailleurs ; l'introduction d'éléments utiles et sains peut ainsi être encouragée, tout en veillant à la sûreté de l'Etat et aux justes intérêts des nationaux. Ces travailleurs étrangers permettront à la nation de recouvrer ses forces, en attendant que la population se soit reconstituée, et, peut-être, sera-t-il possible de favoriser l'établissement définitif sur notre sol de ceux qui auront donné des garanties suffisantes.

(1) *Terra Clausa.* — De Monzie, page 48.

CHAPITRE II

LE PROBLEME DE L'IMMIGRATION PENDANT LA GUERRE ET A LA SUITE DES HOSTILITES ; LES TENDANCES DIVERSES

Déjà, avant la guerre, l'industrie et l'agriculture, dans certaines régions, avaient fait appel à la main-d'œuvre étrangère et, dans une faible mesure, à la main-d'œuvre coloniale. C'était, surtout, les départements frontières, les grands centres urbains, le bassin du Rhône et celui de la Garonne, la Lorraine et Paris qui accueillaient dans leurs industries un grand nombre d'étrangers ; la Seine-et-Oise, la Marne et l'Oise les employaient pour les travaux agricoles.

La main-d'œuvre coloniale était représentée par des Kabyles, travaillant dans les mines et les usines de la Seine, des Bouches-du-Rhône et du Pas-de-Calais.

En 1911, six départements comptaient plus de

40.000 etrangers, en augmentation très sensible sur les chiffres de 1906 (1).

	1911	1906
	—	—
SEINE	204.679	153.647
NORD	180.004	191.678
BOUCHES-DU-RHÔNE . .	137.223	123.497
ALPES-MARITIMES. . .	99.233	93.554
MEURTHE-ET-MOSELLE.	66.462	44.595
VAR.	49.305	45.475

La recherche de cette main-d'œuvre était laissée à l'initiative privée, et les Pouvoirs publics avaient limité leur rôle à quelques mesures de contrôle, mesures incomplètes et inopérantes, puisque les éléments les moins désirables pouvaient entrer librement en France. Il est vrai que la loi de 1849 réservait au Ministre de l'Intérieur le droit d'expulsion, droit dont, à la vérité, il a rarement usé, et, dont l'application, à cause de la généralité des termes, semble difficile, hors certains cas assez définis.

En fait, l'entrée était libre, et la loi du 8 août 1893 n'édictait que quelques formalités. Cette loi « sur le séjour des étrangers et la protection du travail national » obligeait l'étranger professionnel à faire au Maire ou au Commissaire de Police, dans les huit jours de son arrivée dans une commune, une déclaration de résidence, avec justification de son identité. L'étranger recevait, sous la forme d'un certificat, un extrait du « registre d'immigration des

(1) Statistique générale de la France, 1911.

étrangers », tenu à cet effet, et, au cas de changement, l'étranger devait le faire viser, dans les deux jours, par le Maire ou par le Commissaire de Police de sa nouvelle résidence.

D'autre part, le Code du travail, par l'article 164, interdisait l'emploi d'un étranger, non muni d'un certificat d'immatriculation (1).

Les inconvénients de cette loi apparaissent immédiatement. On se bornait à constater la présence d'un étranger, alors que son état physique ou sa moralité pouvaient être nuisibles pour le pays.

A la faveur de ce régime, de 1851 à 1911, le nombre des étrangers en France avait triplé. Au premier dénombrement, en 1851, 379.289 immigrés étaient recensés, représentant une proportion de 10,6 pour 1.000 habitants. En 1881, la proportion était de 26,6, avec 1.001.090, et, en 1911, de 28,6, avec 1.159.835. Il y avait lieu d'y ajouter 35.000 unités environ, travaillant en France dans certaines régions frontières, mais regagnant chaque jour leur domicile à l'étranger.

En réalité, en 1911, l'augmentation était bien plus considérable, car, si le nombre croissant des étrangers de 1881 à 1891 paraît avoir diminué entre les années 1891 et 1906, la raison doit en être cherchée dans les naturalisations d'office, intervenues suivant la loi du 26 juin 1889, qui masquaient le contingent des nouveaux venus.

Parmi les étrangers recensés en 1911, la moitié (2)

(1) Signalons l'article 9 de la loi du 16 juillet 1912, sur l'exercice des professions ambulantes et la réglementation de la circulation des nomades.

(2) *Le Ministère du Travail*, 1906-1923. Albert PEYRONNET.

environ, 680.250 (1) était des professionels et la plus grande partie de ceux-ci étaient des ouvriers de l'industrie. Les plus forts contingents venaient d'Italie, avec 258.027 individus, et de la Belgique, avec 182.224 Belges ou Luxembourgeois. L'Allemagne, l'Espagne et la Suisse venaient ensuite, avec respectivement 55.000, 46.000 et 45.000 individus.

« La plupart (2) des étrangers, qui travaillaient en France, dit M. Landry, y étaient venus spontanément. Des efforts, cependant, étaient tentés depuis un certain nombre d'années, soit par des organisations, soit par des groupements industriels, en vue de recruter des travailleurs hors de nos frontières, car le manque de main-d'œuvre se faisait sentir d'une manière très vive dans l'agriculture, et aussi dans certaines industries, notamment dans l'industrie métallurgique ».

Le « Syndicat Français de la main-d'œuvre agricole », le « Syndicat mutuel Français des agriculteurs et industriels agricoles », créés à Paris en 1910, de même que la « Société Nationale de protection de la main-d'œuvre agricole », depuis 1912, poursuivaient, parmi leurs buts, le recrutement méthodique de la main-d'œuvre agricole et son placement (3).

Les Etats, exportateurs de main-d'œuvre, et en particulier l'Italie, ont souvent protesté contre l'absence de réglementation officielle de la condition des travailleurs immigrés, qui les auraient protégés. De nombreux abus avaient été signalés, en ce qui con-

(1) 149.508 étaient des chefs d'établissement.

(2) *Le Ministère du Travail*, 1906-1923. Albert Peyronnet.

(3) *L'après-guerre et la main-d'œuvre italienne en France*. E. Lémonon.

cernait l'abaissement du taux des salaires et les conditions de travail ou de logement.

Aussi, en Italie, les industriels étrangers, qui, pour recruter de la main-d'œuvre, devaient obtenir une autorisation du « Commissariat de l'Emigration », étaient-ils obligés d'accepter la clause suivante (1) :

« La maison X... permettra au Consul Royal d'Italie, ou à un Inspecteur de l'immigration, de visiter, en tous temps, les lieux où les ouvriers travaillent, se nourrissent et logent.

« Elle acceptera, volontiers, l'entremise de ces fonctionnaires, en cas de différends particuliers ou collectifs avec les ouvriers recrutés », que M. Peyronnet, Ministre du Travail, estime, avec juste raison, être une véritable atteinte à la souveraineté nationale.

« Or (2), pour se procurer plus facilement de la main-d'œuvre, certaines exploitations acceptaient une ingérence de fonctionnaires et de juridictions étrangères, qui constituait une véritable atteinte à la souveraineté nationale. »

En 1915, le Gouvernement français (3) ayant demandé des ouvriers pour les fabrications de guerre, au Gouvernement italien, celui-ci, en accord avec les nouvelles dispositions législatives (4), a prétendu

(1) E. Lémonon.

(2) *Le Ministère du Travail*, 1906-1923. Albert Peyronnet.

(3) E. Lémonon, pages 47, 48 et 49.

(4) Décret du 2 mai 1915, article 7. « Quiconque entend procéder à l'enrôlement d'ouvriers pour les travaux indiqués dans l'article 1er du présent décret, doit présenter, lorsqu'il a un domicile légal dans le royaume, au Commissariat de l'Emigration, directement, ou par l'intermédiaire de la Préfecture de sa résidence, une demande en double exemplaire reconnaissant..... Paragraphe 9... L'obligation de ne pas refuser les bons offices, que le Consul italien de la circons-

user du même droit de surveillance, par l'intermédiaire de ses agents, sur ses ouvriers. Les deux Gouvernements sont parvenus à transiger sur la déclaration suivante, que devaient signer les industriels recrutant les ouvriers italiens : « Autoriser les membres, spécialement désignés à cet effet, de la Commission militaire italienne de Ravitaillement à Paris, à visiter les établissements et leurs dépendances, dans la mesure nécessaire pour se rendre compte des conditions de travail et de l'installation du personnel ».

Chacune des parties a cherché, par la suite, à étendre ou à restreindre l'interprétation de cette clause, l'Italie, en introduisant au sein de la « Commission Militaire », des agents du Service de l'Emigration, la France, en ne permettant l'entrée dans ses usines d'un fonctionnaire italien qu'accompagné d'un officier français ou d'un chef de service de l'établissement, destiné à limiter strictement l'examen « aux conditions de travail et à l'installation du personnel ».

Quoi qu'il en soit, s'il était encore possible avant 1914 de s'accommoder de ce régime imparfait, et de laisser à l'initiative privée le soin de rechercher la main-d'œuvre, depuis la guerre, le véritable déficit en hommes que la France subit et l'importance de ses besoins ont obligé les Pouvoirs publics à s'entremettre dans cette grave question et à coopérer à la recherche d'une population complémentaire.

cription ou les fonctionnaires du Commissariat de l'Emigration offriraient pour aplanir les différends entre les patrons et les ouvriers enrôlés..... Paragraphe 10... L'engagement de permettre au Consul ou aux fonctionnaires de l'Emigration de visiter les lieux dans lesquels les ouvriers travaillent, se nourrissent et les locaux où ils sont

Pendant la guerre, de simples mesures d'opportunité ont prévalu, avec la nécessité impérieuse d'assurer les fabrications de guerre, tout en pourvoyant aux besoins de l'agriculture et de l'industrie, dont les participants étaient mobilisés.

C'est ainsi que, sous le contrôle du « Service de la main-d'œuvre étrangère » (1), fonctionnant depuis 1916, 81.897 (2) travailleurs furent introduits jusqu'à la date du 1er janvier 1919. Dans ce chiffre, étaient compris 22.849 Portugais, 15.212 Espagnols, 24.274 Grecs, 5.486 Italiens, 1.306 Polonais et 12.770 individus de diverses nationalités. Ces travailleurs, affectés uniquement à l'industrie, étaient entrés librement en France, soit individuellement, soit à la suite d'un recrutement organisé.

Il y a lieu d'y ajouter ceux qui ne sont pas passés par les dépôts de travailleurs étrangers : les travailleurs agricoles contrôlés par le « Service de la main-d'œuvre agricole, » (3) représentant, pour la seule nationalité espagnole, le chiffre de 133.360 ouvriers, et les travailleurs coloniaux et chinois, recrutés par la voie administrative, relevant du « Service des travailleurs coloniaux » (4), cette dernière catégorie représentant 140.409 individus au 23 novembre 1918.

A la suite de la guerre, à côté des différents problèmes d'ordre économique et diplomatique, dont la solution avait été reculée jusque-là, et sous l'influence des pertes que la France venait d'éprouver,

(1) Dépendant d'abord du Ministère de l'Armement et rattaché au mois d'Octobre 1917 au Ministère du Travail.

(2) *Bulletin du Ministère du Travail*, Janvier-Février 1920.

(3) Dépendant du Ministère de l'Agriculture.

(4) Dépendant du Ministère de la Guerre.

une tendance s'est manifestée à « la consolidation » (1) de l'immigration : « On souhaite, en général, chez nous, que les travailleurs étrangers, réunis en véritables colonies, se fondent peu à peu dans la masse du pays » (2).

Ainsi, en 1922, le Gouvernement français, renouvelant une démarche faite auprès du Gouvernement belge, a demandé à la Suisse de diriger vers la France des groupes de familles de cultivateurs.

Pour éviter les difficultés que pouvaient faire naître cette tendance, soit de la part des autres nations, soit de la part des immigrés eux-mêmes, le changement de nationalité étant toujours une matière grave et l'assimilation pouvant être difficile, on a essayé d'organiser méthodiquement « l'adoption » par la France d'enfants âgés de 7 ans environ, de nationalité grecque ou turque, provenant de ces malheureuses populations chrétiennes perpétuellement persécutées (3). Un accroissement de population aurait pu, ainsi, être réalisé, et l'assimilation ne présentait que peu de difficultés ; on n'aurait pas couru le risque, qui existe toujours dans les « dénationalisations », qui, bien souvent, font perdre tout sentiment de patrie. Différentes mesures avaient été examinées, concernant, en premier lieu, le rassemblement de ces enfants, leur hébergement au point de rassemblement et les conditions d'hygiène à appliquer, ensuite leur transport. Egalement, on s'était préoccupé des Instituts publics ou privés aux-

(1) Selon l'expression de M. de Monzie, *Terra Clausa*.

(2) E. Lémonon, *L'après-guerre et la main-d'œuvre italienne en France*, page 56, note 1.

(3) Des tentatives avaient été faites auprès de la Russie, qui sont restées sans résultat.

quels ils pourraient être confiés. Malheureusement, avec les difficultés très réelles que présentaient ces différentes opérations, les dépenses à engager ont paru très élevées ; il fallait prévoir pour la première année, dans les conditions les plus strictes d'économie, la somme de 2.000 francs par enfant. On a dû renoncer, au moins pour l'instant, à la mise à exécution de ce projet où l'intérêt de la France et celui d'une humanité malheureuse étaient réunis.

Avec cette tendance à envisager une immigration définitive, est apparu l'obstacle irréductible à puiser dans le grand réservoir d'hommes que sont nos colonies, sinon pour une immigration temporaire, complément de celle de certains pays étrangers. Il serait vain d'espérer une fusion avec des éléments de races aussi différentes. Ceux-ci ne parviendraient, jamais, à s'amalgamer au reste de la population, et, en fin de compte, cette fusion ne serait même pas souhaitable ; l'altération sensible de la race qui s'ensuivrait, aussi bien, sous un aspect physique que moral dans les régions où ces éléments coloniaux immigreraient, ne pourrait avoir que les plus graves répercussions sur les destinées de la nation.

Cependant, l'appoint de la main-d'œuvre coloniale peut être efficace pour remédier, dans une certaine mesure, à notre propre pénurie.

Pendant la guerre (1), 59.588 (2) Nord-Africains, ainsi qu'un faible contingent de Malgaches, 3.469, et, 77.352 (3) Indochinois et Chinois ont été introduits par le « Service des travailleurs coloniaux » (4).

(1) *Bulletin du Ministère du Travail*, Janvier-Février 1920.
(2) 34.536 Algériens, 12.695 Marocains, 12.357 Tunisiens.
(3) 42.757 Indo-Chinois et 34.595 Chinois.
(4) Ministère de la Guerre.

Une partie de ces éléments furent dirigés vers la culture, et on a reconnu que les résultats de leur travail étaient très satisfaisants.

Ce n'est pas encore que, dans ce but limité, la différence très sensible de races n'ait des inconvénients très importants. Le manque d'affinités, des habitudes très dissemblables peuvent créer dans une région un état de malaise et de trouble. Au surplus, l'introduction de cette main-d'œuvre sera nécessairement limitée par les travaux auxquels elle peut être employée, et, surtout, par le climat qui interdit son emploi dans de nombreuses parties du territoire.

D'autre part, il est évident qu'on ne peut puiser indifféremment dans les colonies, et qu'un certain degré de civilisation est indispensable. En fait, l'Afrique du Nord et nos possessions d'Asie paraissent, seules, pouvoir nous fournir des travailleurs, et il ne semble pas qu'on puisse leur assurer des avantages suffisants pour déterminer la formation d'un courant important vers la Métropole (1).

D'ailleurs, ces immigrés, aussi bien pour leur protection que pour celle de la population, et cela à cause de leur état peu avancé de civilisation, devraient donner lieu à une surveillance particulière, et, pendant une certaine durée, ils devraient être soumis à une sorte de régime de tutelle. Ainsi, pendant la guerre, les travailleurs coloniaux et Chinois, recrutés par voie administrative et dépendant du Service des Travailleurs coloniaux, au Ministère de la Guerre, étaient soumis à un régime spécial de discipline et d'encadrement (2).

(1) E. Lémonon, déjà cité.
(2) *Bulletin du Ministère du Travail*, Janvier-Février 1920.

Devant l'abstention de l'Etat, des œuvres privées de soutien et d'assistance (1) se sont employées à l'amélioration du sort de ces immigrés ; mais si le mouvement prenait de l'extension, l'Etat ne pourrait plus se dérober à cette tâche.

Un autre aspect du problème ne peut être négligé : ces immigrés, dans une durée plus ou moins éloignée, sont destinés à être rapatriés. Quelles seront alors les difficultés auxquelles ils se heurteront, pour se réadapter à leur milieu, après avoir contracté des habitudes nouvelles auxquelles ils devront renoncer ? A cet égard, on a l'appui d'un précédent : à la suite de la guerre, les nègres démobilisés et rapatriés dans les ports de l'Afrique Occidentale française, ont été en proie à une affreuse détresse (2).

Actuellement, on compte environ 75.000 Algériens en France, groupés soit dans les grands centres industriels, tels que Paris (3), Marseille, les régions libérées, le Tarn, soit dans certains contrées agricoles, telles que le département de l'Hérault, où leur nombre est estimé atteindre 2.000, et, sans surveillance, ils y vivent dans une condition misérable, tant pour ce qui concerne le logement que l'alimentation. Par ailleurs, leurs services sont appréciés par les Chefs d'industrie qui les emploient, et, leur présence permet d'assurer certains travaux que les nationaux refusent d'accomplir.

Si nos colonies ne permettent, en définitive, que des emprunts limités et à court terme, en revanche,

(1) Le « Foyer de Marseille », « Le Foyer-Bureau de renseignements de Paris », « Le Comité d'Assistance aux Indigènes Algériens ».

(2) Les Missionnaires Français eurent la charge de secourir ces malheureux.

(3) 8.000 à Paris et 7.000 dans la banlieue.

des nations européennes peuvent offrir à la France les ressources de leur population très nombreuse. Avec certaines, parmi celles-ci, peut-être, pourrait-on envisager la « consolidation » de l'immigration.

A celle-ci, il y aurait deux avantages d'inégale importance ; d'une part, l'augmentation de la population française par un des éléments dont le besoin se fait le plus sentir : la main-d'œuvre, et cela, avec une proportion croissante, résultant de la fécondité des travailleurs étrangers. Dans certains villages du Centre, la présence de familles italiennes, polonaises et grecques a seule permis un excédent en faveur des naissances. Il y aurait, d'autre part, un avantage d'ordre financier qui ne peut être négligé : les travailleurs étrangers, attachés définitivement à la terre de France, n'enverraient plus dans leur pays d'origine une grosse partie de leurs salaires, et une des fissures, par lesquelles s'écoulent nos richesses, serait obstruée (1).

Il est certain que la tendance à la consolidation est en contradiction avec les tendances étrangères et, particulièrement, avec l'opinion italienne.

Dans le livre (2) de M. Ernest Lémonon, « L'après-guerre et la main-d'œuvre italienne en France », on trouve les lignes suivantes, extraites d'un article de la « Vita Italiana » :

« Pour que l'émigration ne soit pas pour l'Italie

(1) Cf. Conférence de M. Descamps, Directeur des Etudes Economiques à la Banque de France, au mois de Février 1924, et l'article de M. Jacques Bainville dans le journal *La Liberté* du 27 Février 1924.

(2) Page 56.

un désastre national, écrit M. di Vallelonga, dans l'article précité, il faut que les émigrés envoient leurs épargnes en Italie, et, qu'au bout d'un certain nombre d'années, beaucoup y reviennent vivre ».

Cependant, aussi bien la tendance française que la tendance italienne, ne doivent pas être prises dans leurs termes absolus. L'Italie, dont l'accroissement de population est considérable, malgré « la reprise et le développement de la vie économique dans la péninsule » (1), ne verrait aucun inconvénient grave à ce que certains groupes de ses ressortissants s'établissent en France, pourvu que certains des avantages qu'elle réclame, soient accordés à la totalité de ses émigrés.

D'autre part, avec la tendance française, seul est envisagé l'établissement de quelques noyaux étrangers, qui viendraient comme appoint, et qui se fondraient au reste de la population. Un afflux trop important se transformerait, rapidement, en une sorte « d'invasion pacifique », qui mettrait en péril la nation, sa race et son caractère.

En fait, les nations exportatrices de main-d'œuvre de même que la France, importatrice, ont des avantages égaux, et l'émigration leur rend un service aussi important, qu'à nous l'immigration. Les nations exportatrices sont délivrées ainsi de leur excédent de population, et, pour elles l'émigration fonctionne comme une « soupape », ainsi que la comparaison en a été heureusement faite. Par là est évité un état de malaise, qu'engendreraient le chômage et des salaires inférieurs, conséquence d'un trop grand afflux sur le marché du travail.

(1) E. Lémonon, page 10.

Ces courants humains ne peuvent avoir qu'une très heureuse influence sur les relations politiques et commerciales entre les groupes de nations, et, avec eur aide, on peut espérer voir se conclure des traités l'amitié. Certaines nations, telles que l'Italie, la Belgique et l'Espagne, nous envoyaient déjà, surtout les deux premières, des travailleurs en nombre important avant la guerre ; elles sont encore demeurées nos plus grands fournisseurs. D'autres pays, tels que la Pologne et la Tchéco-Slovaquie, véritables réservoirs de population, parvenues récemment à la vie internationale, désirent resserrer encore les liens qui les unissent à la France. Des organismes ont été créés, pour vaincre certaines difficultés provenant de la différence de races, et, on peut compter, dans les années futures, sur une augmentation sensible de leur émigration vers la France.

« De nombreuses conférences (1) se sont tenues aux Ministères du Travail, des Affaires Etrangères et de la Reconstitution industrielle, et l'accord s'est fait sur les principes suivants :

» 1° Faire appel à la main-d'œuvre d'origine européenne de préférence à la main-d'œuvre coloniale ou exotique, en raison des difficultés d'ordre social et ethnique, que pourrait faire naître la présence sur le sol français d'éléments ethnographiques trop nettement distincts du reste de la population ;

» 2° Parmi les travailleurs européens, recourir d'abord aux originaires des pays ayant combattu à nos côtés, ou nous ayant témoigné une neutralité bienveillante, et ne faire appel, qu'en dernier lieu,

(1) *Bulletin du Ministère du Travail*, Janvier-Février 1920.

aux travailleurs des pays ayant pris des armes contre nous.

» En tenant compte, à la fois, des considérations politiques et des aptitudes professionnelles généralement reconnues aux divers éléments, on a cru bon de faire appel aux étrangers dans l'ordre suivant : 1° Italiens ; 2° Polonais ; 3° Tchéco-Slovaques ; 4° Portugais ; 5° Espagnols ; 6° Grecs ; 7° Russes ; 8° Allemands, Austro-Hongrois et Bulgares ».

Dans ces dernières années, les mouvements migratoires ont été caractérisés par des variations très importantes, consécutives à la crise économique qu'a subi l'Europe, et à la reprise qui s'est manifestée par la suite.

Voici, depuis l'année 1920, la répartition par nationalité des ouvriers étrangers, dont l'entrée et la sortie (1) ont été contrôlées aux postes frontières. (Voir le tableau ci-contre.)

Pendant l'année 1920, avec un besoin de main-d'œuvre sans précédent, la proportion des rapatriés ne représente que 10 % des ouvriers introduits ; mais, en 1921, cette proportion atteint 300 %. Durant cette année de crise économique, « le Service de la main-d'œuvre étrangère » a été obligé de pratiquer une politique de restriction dans l'emploi des travailleurs étrangers. Pour empêcher le chômage de sévir parmi la population ouvrière française, ou pour éviter son aggravation, le rapatriement des immigrés a été favorisé, et, d'autre part, l'introduction a été restreinte, et limitée à certaines régions,

(1) Les chiffres des rapatriements sont certainement inférieurs à la réalité, car un grand nombre de travailleurs repassent la frontière, sans que leur passage puisse être constaté.

NATIONALITÉS (1)	1920		1921		1922		1923	
	INTRO-DUITS	RAPA-TRIÉS	INTRO-DUITS	RAPA-TRIÉS	INTRO-DUITS	RAPA-TRIÉS	INTRO-DUITS	RAPA-TRIÉS
—	—	—	—	—	—	—	—	—
BELGES	13.401	894	5.947	6.580	24.826	1.236	33.912	3.832
ESPAGNOLS.	17.363	708	1.537	23.097	46.425	11.727	36.495	11.203
PORTUGAIS.	6.741	6.330	45	3.934	8.849	1.434	11.767	4.052
GRECS	131	278	36	702	12 (3)	138	»	»
ITALIENS	75.526	777	7.160	23.197	57.199	33.484	112.475	39.383
POLONAIS	14.651	2.866	9.345	4.113	37.447	1.850	54.673	61
RUSSES	25	»	256	»	2.925	8	3.346	77
TCHÉCO-SLOVAQUES. .	907	44	»	124	886	13	4.330	»
DIVERS (2).	1.058	1.259	164	789	2.903	421	6.147	1.343
TOTAUX	129.803	13.156	24.490	62.536	181.472	50.311	262.877	59.951

(1) *Bulletins du marché du Travail.*

(2) *Bulletin du Ministère du Travail*, Janvier-Février 1920. En Septembre 1919, une délégation maltaise est venue en France demander l'emploi d'une main-d'œuvre qualifiée. Elle a obtenu la demande de 7.000 ouvriers maltais, sans emplois depuis la fin de la guerre.

(3) L'immigration grecque, très importante pendant la guerre, s'est arrêtée complètement en 1919.

ou à certaines catégories de professionnels indispensables.

« Toutes les demandes d'introduction doivent passer par le Service de la main-d'œuvre étrangère ; des passeports ne sont délivrés, par nos agents à l'étranger que sur son visa, qui n'est lui-même donné qu'après enquête établissant que les ouvriers demandés sont destinés à des établissements ou à des régions, dans lesquels, la main-d'œuvre nationale fait défaut, et, vers lesquels, elle ne peut être déplacée » (1).

Une arme très forte pour les nations européennes, qui était jusque-là seulement au service des nations extra-européennes, l'obligation du passeport, est née de la guerre, permettant de « discipliner », dans une certaine mesure, les mouvements migratoires, aussi bien pour les pays importateurs qui ont la possibilité de défendre leurs frontières, que pour les pays exportateurs qui peuvent agir sur la direction des courants d'émigration. Avant la guerre, il est vrai, les pays exportateurs pouvaient, à l'aide de mesures législatives (2) appropriées, essayer de diriger l'émigration de leurs nationaux, mais, devant l'émigration individuelle et spontanée, ils étaient désarmés. Quant aux pays d'immigration, ils n'avaient aucun moyen de limiter l'entrée des immigrants, lorsqu'elle prenait une trop grande amplitude.

Au cours de l'année 1922, le chômage n'étant plus à craindre, à la suite de la reprise de l'activité éco-

(1) *Le Ministère du Travail*, 1906-1923. Albert PEYRONNET.

(2) En Italie, loi du 31 janvier 1901 et différents décrets.. Cf. LÉMONON.

nomique, la proportion des rapatriés atteint 36 %, et, en 1923, 22 %.

La différence, entre les introductions de l'année 1920 et celles de l'année 1923, est marquée par une augmentation de l'immigration des Belges, des Portugais, des Russes et des Tchéco-Slovaques ; le nombre des Italiens en France, très élevé, n'a pas varié dans des proportions importantes, car le jeu des rapatriements compense, dans une certaine mesure, la très forte immigration; les Polonais (1) sont en augmentation très sensible, et, si, au cours de l'année 1921, il y a eu un excédent considérable de rapatriements, seule, pour les Polonais, l'introduction est demeurée en excédent.

On peut constater que tous ces immigrés sont originaires de pays, dont la monnaie est dépréciée par rapport à celle de la France, sauf les Espagnols, dont la présence peut s'expliquer par la stagnation de l'activité industrielle et commerciale de leur pays, dont le sol même, à cause de son aridité, offre peu de ressources à la culture. Cependant, au cours de l'année 1923, ils sont en grande diminution.

Les possibilités énormes de travail dans les départements dévastés, et les hauts salaires pratiqués dans ces régions, ont attiré une très forte proportion de ces travailleurs étrangers. Au mois de septembre 1922, sur 307.615 travailleurs introduits dans ces régions, uniquement pour la main-d'œuvre du bâtiment, on comptait, d'après les chiffres fournis par

(1) Le recrutement collectif, organisé dans ce pays, a donné de bons résultats. L'agriculture, dans les départements du Nord et de l'Est, appréciant la qualité régulière du travail de ces immigrés, en a requis un grand nombre.

le Ministère des Régions libérées, 135.044 étrangers et 172.571 Français; et, au cours de l'année 1922, sur 107.607 ouvriers étrangers, employés exclusivement dans l'industrie, 58.031 étaient affectés dans les régions libérées (1).

Cet afflux de travailleurs étrangers a permis la satisfaction des besoins de main-d'œuvre, aussi intenses pour la reconstitution des régions libérées, que pour la reprise et l'augmentation indispensable de la production. En outre, il a été possible ainsi de diriger ou de déplacer ces travailleurs vers les points du territoire où ils étaient nécessaires, remédiant à l'attachement de la main-d'œuvre nationale à certaines régions, et à l'impossibilité de la diriger vers les endroits où son concours était demandé, suivant les besoins industriels ou agricoles.

D'autre part, il semble bien que l'on puisse espérer un accroissement de la population, provenant de la « stabilisation » de certains de ces éléments, de beaucoup les plus précieux, immigrés avec leurs familles (2).

« L'expérience a prouvé que, surtout en matière agricole, il faudra recourir le plus possible aux familles, qui, bien mieux que les ouvriers nomades, assureront la stabilité nécessaire aux travaux des champs » (3).

Les naturalisations ont augmenté en 1922. Le

(1) *Bulletin du Marché du Travail*, 2 février 1923.

(2) Au mois d'Octobre 1923, 3.922 enfants, appartenant à 32 nationalités, ont été inscrits pour suivre les classes des écoles communales de la Ville de Paris. Les Italiens, les Russes et les Polonais représentaient les plus forts contingents.

(3) Proposition de loi n° 2.343, Session 1921, Chambre des Députés

nombre des étrangers naturalisés (1) en 1921 avait été de 2.760, et en 1922, il a été de 4.583 individus, ayant 4.919 enfants mineurs (2) et 3.477 majeurs.

La Chancellerie a enregistré d'autre part, 4.461 déclarations, soit pour renoncer à la faculté de répudiation de la qualité de Français, soit pour acquérir cette qualité, comme ayant des titres spéciaux. Par ces 4.461 déclarations, la qualité de Français a été assurée à 8.529 étrangers, contre 5.866, en 1921. Ainsi, 21.500 individus environ, ont acquis la qualité de Français, chiffre en forte progression sur celui des années précédentes, bien que très faible par rapport au nombre considérable d'étrangers qui vivent de la France.

Avec une politique de naturalisation, complémentaire de celle de l'immigration, des progrès notables pourraient être obtenus. Ce n'est pas à dire que les mesures de surveillance et de contrôle devraient être moins strictes ; bien au contraire, seule la naturalisation des éléments les meilleurs et présentant toutes garanties est désirable. Mais certaines mesures, qui sont de pures entraves, sans être des moyens de contrôle, pourraient être avantageusement supprimées ; l'accession à la qualité de Français serait rendue plus facile, sans que l'intérêt de la nation ait à en souffrir. Ainsi la suppression du droit de sceau (3)

(1) Cf. *Revue de l'Alliance Nationale pour l'accroissement de la population française*, Janvier 1924, d'après le *Journal Officiel*.

(2) 506, parmi ces enfants mineurs, conservent la faculté de répudier la qualité de Français, dans le courant de l'année qui suivra leur majorité.

(3) Les droits de sceau perçus au profit du Trésor en matière de naturalisation, ont été augmentés par l'article 22 de la loi du budget du 31 juillet 1920.

et du droit de chancellerie, s'élevant respectivement à 500 et à 1.000 francs, ferait tomber un obstacle qui éloigne certainement beaucoup d'individus de la naturalisation.

D'autre part, un grand nombre de mesures d'assistance et de prévoyance, en particulier celles qui visent les familles nombreuses, semblent devoir être réservées exclusivement aux nationaux. Des mesures, telles que la loi du 22 juillet 1923, « sur l'encouragement national aux familles nombreuses », les allocations familiales encore facultatives, les primes à la natalité, seront un objet de tentation pour l'immigré, et elles l'inciteront à tâcher d'obtenir la qualité de Français. S'il est juste que l'ouvrier étranger bénéficie pour lui et à cause de son travail de certaines lois d'assistance, il semble inutile et contraire à l'intérêt français de faire profiter sa famille des avantages que notre législation attribue aux familles nombreuses.

L'immigré, avec sa famille, doit être particulièrement le but d'une politique de naturalisation, car, c'est au sein du groupement familial que l'on peut espérer trouver le maximum de garanties, en même temps que l'effort sera bien plus fructueux : « Nous devons (1) tout faire pour inciter le père et la mère de famille, s'ils sont recommandables en tous points, à se faire naturaliser, car cela entraînera automatiquement la naturalisation de leurs enfants. Donnons-leur donc intérêt à devenir Français ».

Ces différentes mesures se complètent : certaines

(1) *Revue de l'Alliance Nationale pour l'accroissement de la population française*, Février 1924. « Une politique de naturalisation », par Fernand Boverat, Membre du Conseil Supérieur de la natalité.

entraves à la naturalisation sont levées, et l'accession à la qualité de Français devient une source de profits pour la famille immigrée qui, ainsi, est admise à bénéficier de nombreuses lois sociales, dont elle ne trouve l'équivalent que dans peu de nations.

Cependant, cet approvisionnement en main-d'œuvre par une immigration, soit temporaire, soit définitive, ne va pas sans rencontrer des obstacles de la part des pays d'émigration, obstacles qui semblent spécieux et opposés uniquement pour obtenir des avantages corrélatifs. Il faut constater, tout d'abord, que les nations exportatrices, ont insisté, particulièrement depuis la guerre, sur différents arguments, tendant surtout à démontrer le service qu'elles nous rendent. Cette position du problème trouve sa source dans notre pénurie de main-d'œuvre, en même temps que dans l'augmentation de puissance de certaines nations qui en sont nos fournisseurs.

Il semble bien, en effet, que des pays comme l'Italie, la Pologne et la Tchéco-Slovaquie, n'ont pas à craindre un exode trop important de travailleurs ; par suite, une crise de main-d'œuvre, entraînant de hauts salaires, n'est pas à redouter chez eux, et leur puissance de concurrence internationale peut rester intacte malgré un fort courant d'émigration.

Un des mobiles importants de la politique que ces pays ont mis en œuvre, réside dans le sentiment qu'ils ont de détenir une richesse convoitée. A cette richesse, dont la France est malheureusement dépourvue, cette politique attribue une valeur d'échange et, profitant de notre extrême besoin, elle cherche à obtenir des concessions importantes, le plus souvent en faveur des nationaux émigrés, mais aussi en d'autres matières.

En Italie, une certaine partie de l'opinion, non satisfaite d'obtenir l'égalité de salaires entre Français et étrangers, réclame en outre pour l'émigré (1) « une indemnité de dépaysement qui compense, pour lui, les privations et les désagréments auxquels il s'expose en s'éloignant de son pays natal, et en supportant un certain nombre de dépenses (voyage, change d'argent, pertes de journées de travail, double loyer, etc...), auxquelles l'ouvrier national n'est pas exposé ».

Pendant la guerre, sous l'empire de la nécessité, le Gouvernement français a été obligé d'accéder à cette demande, et un versement avait été prévu et inscrit dans les contrats de travail, représentant les frais de voyage et une indemnité.

« La généralisation (2) de cette mesure devra être poursuivie, lit-on dans le bulletin de « l'Umanitaria », par les secrétariats des groupements de l'Emigration et par le Commissaire Royal. Il faut que ces secrétariats fassent pénétrer dans la conscience des émigrants ce sentiment, que l'indemnité de dépaysement est un droit, et qu'ils doivent refuser nettement de s'expatrier, si elle ne leur est pas dans tous les cas accordée ».

Les nations exportatrices paraissent négliger que, si leurs nationaux émigrent, la raison en est dans leur situation misérable et dans l'impossibilité où ils sont de trouver du travail, comportant un salaire suffi-

(1) E Lémonon, page 44.
(2) E. Lémonon, page 44.

sant; pour eux, l'émigration est une véritable nécessité. On ne peut cesser de répéter que l'émigration rend un service aussi grand à certaines nations que l'immigration à d'autres, et, ce serait fausser l'égalité que d'accorder aux pays d'émigration des concessions, qui n'auraient pas de contre-partie en notre faveur.

Cette opinion peut s'appuyer sur l'émotion soulevée en Italie par les projets américains sur la restriction de l'immigration. Un projet de loi (1) a été présenté au Parlement américain, d'après lequel, l'immigration, déjà fortement restreinte par la loi du 19 mai 1921, serait réduite à 2 % du nombre des étrangers de chaque nationalité, fixés sur le territoire de l'Union, avec comme base le recensement de 1890. Ainsi, le nombre des Italiens, admis annuellement aux Etats-Unis, serait seulement de 4 à 5.000, alors qu'avant la guerre, ce chiffre atteignait 300.000 ou 400.000 individus (2).

Grâce à notre pays, l'Italie est assurée d'un débouché important pour son émigration, mais encore faut-il qu'elle n'abuse pas de cet argument fondé sur une crainte d'appauvrissement en hommes, ou sur leur valeur d'échange, puisqu'elle se rend compte

(1) Le projet de loi, sur l'immigration, a été définitivement adopté par le Sénat américain au mois d'Avril 1924, réduisant la proportion des étrangers à admettre annuellement aux Etats-Unis, à 2 % du nombre de ceux qui y résidaient au recensement de 1890. Cf. la revue *Politica*, Février 1925. « L'Amérique et l'Immigration », Lucien Bec.

(2) Dans un journal italien, publié à Marseille, *La Patria Italiana*, à la suite de l'exposé des plans américains sur l'immigration, on se demande si l'opportunité d'une alliance franco-italienne, même sur le terrain économique, n'est pas urgente.

de l'intérêt vital qu'il y a pour elle dans l'émigration (1).

Il en est de même de la prétention émise par l'Italie, qui n'aurait pas tardé à être revendiquée par d'autres nations, d'exercer un pouvoir de surveillance et de protection sur ses émigrés, par l'intermédiaire de ses Consuls, ou de fonctionnaires de son Service de l'Emigration.

Laissant de côté la contradiction de cette prétention avec la notion de souveraineté, elle portait une atteinte à la dignité de la France, et, en tout état de cause, on était en présence d'un sentiment de méfiance inadmissible. Cette « tutelle » cependant, acceptée avant 1914, par les établissements qui recrutaient de la main-d'œuvre italienne, ne présentait pas les mêmes inconvénients, puisque l'initiative privée faisait seule les démarches nécessaires pour l'enrôlement, et que le Gouvernement français s'abstenait de s'occuper de ces opérations.

Ainsi que nous l'avons vu, sous la pression des nécessités, en 1915, le Gouvernement s'est vu obligé d'accepter l'insertion d'une clause tendant à cette

(1) Avec le problème de l'émigration, apparaît un aspect de la politique italienne à notre égard. Actuellement, le Gouvernement italien recommande à ses nationaux d'émigrer vers l'Est, et cela, dans le but de démontrer la puissance de l'Italie par rapport à la France, qui serait privée ainsi d'un élément indispensable à la production. A l'aide de cette pression, l'octroi de concessions pourrait être obtenu, non-seulement sur le territoire de la France continentale, mais, surtout, dans les départements et les protectorats de l'Afrique du Nord. « Il y a cinquante ans, l'Italie n'avait que 25 millions d'habitants ; la France la traitait avec la familiarité protectrice d'une grande dame qui donne la main à une petite fille. Demain ou après-demain, pour que la France puisse donner la main à l'Italie, il faudra qu'elle se hausse sur la pointe des pieds », a écrit M. Charles GIDE. Cf. *La crise de la natalité et la croisade pour la repopulation*, par Fénelon GIBON.

surveillance, dans les contrats de travail passés entre les employeurs français et les ouvriers italiens. Mais, depuis la guerre, la France est entrée résolument dans la voie de l'organisation de l'immigration et de sa surveillance. Le Gouvernement italien ne peut donc même plus justifier son attitude par l'abstention du Gouvernement français, et par les abus qui pouvaient se produire sous ce régime de trop grande liberté. Les différents services de main-d'œuvre étrangère industrielle et agricole créés pendant la guerre, une proposition de loi (1) de M. de Warren, à laquelle se sont ralliés 157 de ses collègues à la Chambre des Députés, « relative à la création d'un Office National de l'Immigration » et un projet (2) du Gouvernement tendant au même but, démontrent le désir unanime d'aboutir à une surveillance sérieuse, aux perfectionnements des organismes existants et à leur unification.

Dans le traité de travail, signé à Rome, le 30 septembre 1919, entre la France et l'Italie, on ne trouve aucun article autorisant les parties contractantes à exercer un droit de surveillance sur leurs nationaux émigrés ; et il semble bien que l'article 3, complété par l'article 20, traitent en entier des points sur lesquels le Gouvernement italien désirait, antérieurement, exercer un contrôle, auquel il aura été obligé de renoncer.

Article 3 :

« Les travailleurs immigrés jouiront de la même protection que celle accordée aux nationaux par

(1) Proposition n° 2.343, Session 1921, Chambre des Députés.
(2) Projet n° 4.869, Session extraordinaire 1922, Chambre des Députés.

la législation et par les usages du pays, pour ce qui a trait aux conditions de travail et d'existence. Toutes réclamations des travailleurs de l'autre pays, en ce qui concerne les conditions de travail et d'existence, qui leur seraient faites par les employeurs, ou les difficultés de toute nature, lorsqu'elles comportent une intervention des Pouvoirs publics, seront adressées ou transmises, soit directement, soit par l'intermédiaire des autorités diplomatiques ou consulaires, aux autorités compétentes du pays ; l'administration qualifiée de ce pays procédera aux enquêtes nécessaires, et aura seule qualité pour intervenir.

Chaque Gouvernement pourra adjoindre à son ambassade auprès de l'autre, un technicien spécialiste, chargé des questions du travail et des relations avec l'administration centrale compétente du pays où sont employés les travailleurs de l'autre pays.

Les deux Gouvernements faciliteront la tâche de ces attachés » (1).

Article 20 :

« Le Comité composé de ressortissants français et italiens, prévu à l'article 9 de la Convention Franco-Italienne du 15 juin 1910, pour la protection des enfants et éventuellement des ouvriers adultes, étendra normalement son patronage aux ouvriers de tous âges, Italiens en France et Français

(1) Cf. Article 4 de la Convention entre la France et la République tchéco-slovaque du 20 mars 1920, dont les termes sont semblables, et article 5 de la Convention entre la France et la Pologne du 3 septembre 1919.

en Italie, dans les régions où sont occupés, en nombre suffisamment important, des travailleurs de l'autre pays. Sa composition sera fixée dorénavant de la manière suivante : 1° le Préfet, le Sous-Préfet ou un Conseiller de Préfecture ; 2° le Maire de la Commune ou l'un de ses adjoints ; 3° l'Inspecteur du Travail ou son suppléant ; 4° le Consul ou son délégué ; 5° le Président d'une Société, de l'autre nationalité, de Secours Mutuels, d'instruction ou d'assistance, et, à défaut, un ressortissant de l'autre pays résidant dans la région ; 6° un représentant des Syndicats patronaux et un des Syndicats ouvriers de la région ; 7° un ouvrier de chacune des deux nationalités ».

Au surplus, l'immigré italien étant assimilé aux nationaux en ce qui concerne « les conditions de travail et d'existence », la surveillance des fonctionnaires du Gouvernement Royal ne pouvait plus avoir d'objet, le contrôle étant assuré par les agents du Gouvernement français.

Cependant, d'après certaines opinions, le Gouvernement italien n'aurait pas renoncé définitivement à obtenir cette concession.

Il va sans dire qu'il n'y a aucune comparaison possible entre l'étendue d'un régime de capitulation et les demandes de l'Italie ; cependant, l'origine est commune, et elle réside dans la crainte de l'oppression des nationaux à l'étranger. Il pourrait sembler pour le moins contradictoire, alors que la France vient d'être obligée de renoncer, en Turquie, à un privilège plusieurs fois séculaire et pleinement justifié d'ailleurs par des raisons politiques et religieuses, qu'elle soit mise dans l'obligation de subir sur son territoire le contrôle d'une autre nation, même avec un objet limité, tel que les conditions de travail et de logement des immigrés, complètement assimilés pourtant sur ces différents points aux nationaux.

Avec ces divers obstacles suscités par les pays d'émigration, certaines difficultés ont été opposées, et des craintes ont été émises, en France, sur la possibilité de l'assimilation des éléments étrangers. « .... au point de vue social, il faut éviter d'introduire des éléments, dont le caractère ou les tendances ne pourront s'harmoniser avec les milieux dans lesquels ils sont appelés à vivre » (1).

Ainsi que l'expérience l'a prouvé, cet obstacle n'existe que légèrement avec les ressortissants des nations qui étaient déjà nos fournisseurs, avant la guerre ; les Espagnols et les Italiens, races latines, de même que les Belges, s'assimilaient avec une grande facilité à la population nationale. Mais, depuis la guerre, cette difficulté naturelle est intervenue plus fortement avec l'émigration de certains pays, comme la Pologne et la Tchéco-Slovaquie, provenant des dissemblances de race, de conditions d'existence et particulièrement de la langue. C'est ainsi que les immigrés polonais, en ressentant les grands inconvénients, ont demandé dans les départements du Nord de la France que l'enseignement du français leur soit distribué (2). On peut donc

(1) Rapport n° 2.343, Chambre des Députés, Session de 1921.

(2) C'est là un fait remarquable, car le plus souvent, les pays d'émigration demandent que les enfants de leurs ressortissants reçoivent l'enseignement de leur langue d'origine, s'appuyant, comme l'Italie, sur ce qui est pratiqué, en cette matière, dans certains Etats

espérer qu'avec une certaine durée, les efforts en cours parviendront à vaincre ces difficultés dans ces milieux bien disposés, mais, il n'en reste pas moins que l'assimilation de ces éléments sera toujours plus délicate, et demandera plus d'efforts que les éléments provenant des nations voisines de la France.

On a opposé un inconvénient assez sérieux, auquel il serait possible de remédier, qui provient du manque de sélection des ouvriers immigrés par voie de recrutement collectif. En Tchéco-Slovaquie, pour combler cette lacune, des organismes procèdent à la vérification des aptitudes des travailleurs enrôlés. Il y a, en effet, une utilité évidente pour l'établissement qui procède au recrutement, d'être assuré des qualités des travailleurs qu'il va recevoir.

Dans certaines nations (1), des « écoles d'immigration », fondées en vue d'enseigner en peu de temps des notions de divers métiers, n'ont donné que les plus médiocres résultats, et il y aurait un grand intérêt, que dans les pays d'émigration, des organismes semblables à ceux fonctionnant en Tchéco-Slovaquie soient créés, et qu'ils procèdent au « triage » des émigrants.

A l'intérieur de la France, d'autres obstacles ont été soulevés contre l'immigration par la population ouvrière. Le plus souvent, les travailleurs étrangers ont été l'objet de sentiments d'antipathie et surtout

de l'Amérique du Nord, dans lesquels l'enseignement de l'italien est donné aux frais de la commune, lorsqu'il y a un nombre suffisant d'enfants d'origine italienne. Cf. E. LÉMONON.

(1) En Italie, notamment, quelques institutions ont organisé l'enseignement rapide pour futurs émigrants.

de méfiance, leur introduction étant regardée comme une arme dans les mains des patrons.

Il est certain qu'avec le régime d'avant-guerre et avec l'absence de protection de l'immigré, ces sentiments ne pouvaient s'atténuer ; les taux inférieurs de salaires, les conditions déplorables de travail et de logement qu'il acceptait, paraissaient, à juste titre, dangereux à la population ouvrière, qui se plaignait de cette sous-concurrence.

De même que l'avilissement des salaires, qu'une offre trop importante sur le marché du travail pouvait amener, de même elle craignait que les employeurs, au cas de conflit, ne s'appuient sur la main-d'œuvre étrangère, rendant ainsi illusoires ses revendications, ou même préjudiciables, les employeurs pouvant profiter de la situation pour embaucher des travailleurs étrangers, qui présentaient pour eux la très grande qualité de ne pas être liés par la discipline syndicale.

De nombreuses propositions de lois avaient été déposées, tendant à restreindre la concurrence que les travailleurs immigrés pouvaient faire aux nationaux ; les unes (1) proposaient la fixation d'un salaire uniforme pour tous les ouvriers, nationaux et étrangers, employés aux mêmes travaux, d'autres, l'établissement d'une taxe, perçue au profit de l'Etat, sur le montant des salaires (2) des travailleurs étrangers, ou encore l'établissement d'une taxe à la charge du patron (3) qui les employaient (4).

(1) Proposition de M. Henri COUTANT. Proposition de MM. RAMEIL et LANDRY.
(2) Proposition de M. PUGLIESI-CONTI.
(3) Proposition de M. PRAT.
(4) Cf. E. LÉMONON, pages 19 et suivantes.

Cependant, aucune des différentes mesures proposées ne fut adoptée, car, si, avec les premières, on craignait d'aboutir à la fixation des salaires par la voie administrative, avec les autres, on ne pouvait pas espérer de résultats efficaces ; l'employeur pouvait toujours récupérer la taxe mise à sa charge par la diminution du salaire, et si la taxe était mise à la charge du travailleur étranger, on ne pouvait que rendre sa situation plus pénible.

D'autre part, sur ce dernier point on se heurtait à une difficulté d'ordre international, la France s'étant engagée par des conventions conclues avec divers Etats (1), à ne soumettre leurs ressortissants à aucune charge spéciale qui n'atteindrait pas les travailleurs nationaux.

Depuis la guerre, la politique de réglementation qui a été mise en œuvre en matière d'immigration, si elle n'a pu faire disparaître complètement les sentiments d'hostilité des travailleurs nationaux à l'égard des travailleurs étrangers, elle a dû, tout au moins, rassurer la population ouvrière sur les conséquences de l'immigration et calmer, en partie, les sentiments de méfiance et de crainte. Dans cette voie de la réglementation, on a fait preuve, au reste, d'une très grande prudence, en s'assurant le concours éventuel des organisations ouvrières pour l'étude ou la mise en œuvre des mesures nécessaires, et, ainsi, la population ouvrière française ne peut plus considérer l'introduction des travailleurs étrangers comme dirigée contre elle.

(1) Conventions avec l'Espagne, l'Angleterre, la Russie, le Danemark, la Suède.

CHAPITRE III

LA REGLEMENTATION. EXAMEN DES PRINCIPES DIRECTEURS DE LA POLITIQUE FRANÇAISE

Avant la guerre de 1914, les intérêts divers, aussi bien de l'extérieur, les intérêts des pays d'émigration et de leurs ressortissants émigrés, que de l'intérieur, les intérêts des différentes catégories de la population française, se heurtaient dans un régime d'entière liberté, aboutissant nécessairement à des abus dans l'un ou l'autre sens, sans qu'aucune réglementation n'intervînt, soit pour concilier ces différents intérêts, soit pour adapter le courant des travailleurs étrangers vers la France aux nécessités de la production et à ses besoins.

C'est ainsi que les établissements, procédant au recrutement de la main-d'œuvre étrangère par voie d'enrôlement collectif, devaient accepter les prescriptions en la matière des pays d'émigration ; ceux-ci avaient une tendance à accentuer leurs exigences en faveur de leurs émigrants, puisqu'ils ne trouvaient en leur présence que des organismes privés, sans aucun pouvoir politique, qui accédaient à leurs demandes avec d'autant plus de facilités, qu'ils pouvaient s'approvisionner de main-d'œuvre dans des conditions qui leur paraissaient plus profitables.

En fait, les Gouvernements des pays d'émigration cherchaient surtout à obtenir des concessions, qui relevaient de l'ordre politique, tel que la surveillance des émigrés italiens par les Consuls du Gouvernement Royal ; de leur côté, les employeurs français cherchaient, dans l'ordre économique, la satisfaction de leur besoin de main-d'œuvre, avec les divers avantages d'économie et d'indépendance, que les travailleurs étrangers paraissaient leur présenter.

Il est vrai que l'émigration individuelle et spontanée, donc sans contrôle, était de nature à mettre un frein aux demandes des pays d'émigration, et, dans une certaine mesure, à réduire à néant leur législation en la matière. Comme nous l'avons déjà observé, l'obligation du passeport n'était imposée que pour l'émigration transocéanique ; dans ces conditions, et avec la très forte émigration individuelle provenant de certains pays, la demande de main-d'œuvre en France pouvait être satisfaite avec d'autant plus de facilités, qu'elle était inférieure à l'afflux des travailleurs étrangers.

Ainsi, une véritable concurrence se produisait entre les travailleurs étrangers, dont les résultats ne faisaient qu'accroître celle qu'ils faisaient à la main-d'œuvre nationale. A beaucoup d'entre eux, et, particulièrement aux Italiens, qui représentaient un fort contingent de la main-d'œuvre immigrée, le travail au rabais qu'ils acceptaient, n'imposait pas une situation trop pénible, à cause des conditions d'existence différentes et moins onéreuses, auxquelles ils étaient accoutumés. La qualité inférieure de leur alimentation, et sa moindre quantité, leur permettait de se contenter d'un salaire moins élevé. Il y avait là un gros avantage pour les individus, d'habitudes plus sobres, venus des nations du Sud sur ceux émigrés du Nord et sur la main d'œuvre nationale.

Cependant, ces immigrations spontanées présentaient des inconvénients même pour les employeurs ; leurs mouvements irréguliers et fréquents risquaient, ou de ne pas correspondre aux besoins de main-d'œuvre, souvent variables suivant les différentes périodes de l'année, ou de donner à la main-d'œuvre un caractère d'instabilité. Il en résultait une incertitude pour les patrons, qui ne pouvaient savoir si, au moment voulu, ils auraient à leur disposition les travailleurs nécessaires, ou s'ils pourraient les conserver. L'inconvénient s'en faisait sentir dans l'agriculture, dont les travaux saisonniers demandent à certaines époques un supplément très important de main-d'œuvre. A l'inverse dans l'industrie, les employeurs désirent, surtout, la stabilité de leur main-d'œuvre, et ces travailleurs avaient, au contraire, une disposition à se déplacer fréquemment et sur de grandes distances.

En plus, les ouvriers spécialistes ou ayant des notions techniques, se rencontraient rarement parmi ces individus.

Aussi, les établissements, dont les besoins de main-d'œuvre étaient importants et constants, préféraient-ils recourir à l'enrôlement collectif dans les pays d'émigration, malgré les exigences de leur législation, auxquelles ils étaient obligés de souscrire, ce recrutement leur donnant des résultats plus satisfaisants, accompagnés de plus de certitude.

C'est pourquoi des organismes privés procédaient à ces opérations dans les pays d'émigration, soit pour eux-mêmes, comme l'a pratiqué « Le Comité des Forges et des Mines de fer de Meurthe-et-Moselle », par l'intermédiaire d'un service spécial qu'il avait constitué, soit pour leurs adhérents, comme différents Syndicats agricoles. Ainsi, tout en employant les travailleurs venus spontanément, on faisait appel aussi à la main-d'œuvre étrangère par le recrutement collectif, en observant alors la législation des pays exportateurs.

Quoi qu'il en soit, et malgré les très bons résultats obtenus des travailleurs étrangers, la concurrence qu'ils faisaient aux travailleurs nationaux, était en réalité moins vive que cela ne paraît. La main-d'œuvre nationale, déjà en déficit, présentait deux qualités importantes : l'attachement à la region où elle était employée, donc la stabilité, aussi bien pour un emploi continu que périodique, et surtout, une intelligence moyenne bien supérieure à celle des ouvriers immigrés. Cette supériorité du travailleur français, dont il avait lui-même conscience, n'était pas sans irriter les travailleurs étrangers :

« Ce sentiment (1), écrit M. le Député Angiolo Cabrini, s'il pouvait laisser indifférent l'émigrant italien d'autrefois, irrite l'émigrant d'aujourd'hui,

(1) E. Lémonon, page 27.

parce que celui-ci a conscience de la valeur sociale de son travail, du degré de développement et de l'importance internationale de la nation à laquelle il appartient ».

Avec la guerre, il apparut impossible de laisser à l'immigration, et à son placement, cette liberté totale. Avec l'obligation générale de posséder un passeport, délivré par les autorités nationales, et contresigné par les agents du pays dans lequel l'individu se rendait, il y avait déjà un contrôle établi. La surveillance, illusoire avec la loi du 8 août 1893, fut plus sérieusement effectuée, grâce à cette obligation. Mais ce n'était là qu'une mesure générale, à laquelle tout individu désirant entrer en France, devait se soumettre. Cette règle n'avait qu'un caractère temporaire, et à juste titre, l'on pensait qu'elle cesserait d'être imposée avec le rétablissement de la paix. La subsistance de cette mesure, à l'heure actuelle, ne peut être considérée que comme une suite de la guerre.

« Elle constitue (1) un retour à un état de choses qui semblait aboli dans la grande majorité des nations civilisées, depuis le siècle dernier, et elle a vivement préoccupé l'opinion à travers le monde ».

Mais devant l'importance des besoins de main-d'œuvre, et, aussi, pour assurer avec plus d'efficacité les mesures de la défense nationale, le Gouvernement français a été obligé d'entrer directement dans la voie de la réglementation de l'immigration professionnelle et de son organisation et, il a dû se mettre en rapport avec les Gouvernements des

(1) « Emigration et Immigration ». Bureau International du Travail, page 39.

pays d'émigration, en vue de surmonter les divers obstacles qui avaient été soulevés sous le régime de l'entière liberté.

« Ces difficultés (1) prirent une acuité particulière, on le devine, lorsque, en 1914, la nécessité d'assurer les fabrications de guerre, de poursuivre et de développer la production industrielle et agricole, en l'absence des ouvriers mobilisés, imposa l'emploi de plus en plus intense de la main-d'œuvre étrangère. C'est alors que se fit particulièrement sentir le besoin d'un organisme, chargé d'assurer le recrutement et la répartition de la main-d'œuvre étrangère, organisme dont la raison d'être ne devait pas disparaître avec la fin des hostilités ».

Cette politique de l'immigration, nouvelle pour l'Etat, qu'il fut obligé de mettre en œuvre, fut empreinte du plus large esprit de conciliation à l'égard des pays d'émigration. Les circonstances et l'acuité des besoins ne permettaient pas des réalisations très indépendantes de la législation et des demandes des pays capables d'exporter des travailleurs. Au surplus, la concurrence que se faisaient différentes nations dans l'exportation de leur population en surnombre, était extrêmement limitée, et la guerre fermait à la France plusieurs de ses centres d'approvisionnement.

Les concessions, que le Gouvernement français a été obligé de faire, — nous avons déjà signalé certaines d'entre elles, telles que les pouvoirs de surveillance accordés aux membres de « la Commission militaire italienne de ravitaillement à Paris », sur

(1) Albert Peyronnet, page 21.

les « conditions de travail et de l'installation du personnel », telles que « l'indemnité de dépaysement », allouée aux travailleurs de ce même pays, — ont nécessairement eu une répercussion sur les traites de travail et sur les conventions, que le Gouvernement français a conclus, à la fin des hostilités, avec différents pays.

Pour des considérations intérieures (1), et pour maintenir, avec la sécurité et la santé publique, une juste répartition de la main-d'œuvre étrangère, sans que l'afflux de celle-ci puisse désorganiser le marché du travail, le Gouvernement français a rendu, en date du 2 avril 1917, un décret, « relatif à la carte d'identité des étrangers en France », abrogeant le décret du 2 octobre 1888, « relatif aux étrangers résidant en France » et, en date du 21 avril 1917, un décret concernant « le recrutement, la circulation et la surveillance de la main-d'œuvre étrangère et coloniale en France », complété et modifié par le décret du 18 novembre 1920, « relatif à la circulation et à la surveillance de la main-d'œuvre étrangère en France », et par le décret du 6 juin 1922, « relatif à la délivrance d'un sauf-conduit et d'une carte d'identité aux travailleurs étrangers » (2).

Par ces différents décrets, a été instituée la carte

(1) Au début de la guerre, le décret du 2 août 1914, relatif aux mesures à prendre à l'égard des étrangers en France.

(2) Un décret du 25 octobre 1924 modifie les décrets du 2 avril 1917 et du 6 juin 1922. A l'avenir, le Commissaire spécial ne délivrera plus qu'un sauf-conduit, qui permettra à l'immigrant de se rendre au lieu de son emploi. Dans les quarante-huit heures de son arrivée, l'intéressé devra se présenter au Commissariat de Police ou à la Mairie, les cartes d'identité des travailleurs étant désormais établies par les soins des Préfectures, suivant le régime appliqué à celles des autres étrangers.

d'identité des étrangers et des travailleurs immigrés, dont on a cherché à perfectionner la délivrance, tout en assurant une surveillance très sérieuse, avec le minimum de formalités. En même temps, étaient élargies les conditions très strictes imposées à la circulation, en temps de guerre.

Les deux derniers décrets s'inspirent particulièrement du souci de ne pas permettre la désorganisation du marché du travail, par un afflux trop important d'immigrants, et les articles 3 et 4, du décret du 6 juin 1922, ainsi conçus, témoignent de cette préoccupation :

Article 3 :

« La délivrance de la carte d'identité sera demandée, de même, au Commissaire de Police, ou, à défaut, au Maire de leur résidence, par les ouvriers étrangers, qui ne se seraient pas présentés aux bureaux d'immigration ou aux postes frontières ; mais, en ce cas, il sera procédé à une enquête préalable, en vue de s'assurer, notamment, qu'ils sont munis d'un titre d'embauchage reconnu valable dans les conditions prévues par les instructions des Ministres du Travail et de l'Agriculture. Les travailleurs étrangers, qui se trouveront dans cette situation, et qui auront fait l'objet d'une enquête favorable, recevront, par les soins des Préfets, la carte d'identité prévue par le décret du 2 avril 1917 ».

Article 4 :

« Dans le cas prévu par le précédent article, le Préfet ne pourra refuser la carte d'identité pour un motif tiré de la situation du marché du travail industriel ou agricole, sans avoir eu le soin, au préalable, de saisir le Ministre de l'Intérieur (Service Central des cartes d'identité des étrangers), lequel devra se mettre d'accord, sur chaque espèce, avec le Ministre du Travail (Service de la main-d'œuvre étrangère), ou le Ministre de l'Agriculture (Service de la main-d'œuvre agricole) ».

Ce souci, qui semble avoir été primordial, est encore mis plus en évidence par les mentions portées sur les cartes d'identité. En vertu de l'article 8 du décret du 18 novembre 1920, il est stipulé que sur la carte « sera apposé un timbre portant la mention travailleur industriel, ou travailleur agricole, selon le cas ». D'autre part, sur les cartes d'identité délivrées aux travailleurs agricoles par le Service de la main-d'œuvre agricole, sont inscrites les instructions suivantes :

« Pour éviter des perturbations dans le marché du travail, l'ouvrier agricole, à la fin de son contrat, ne peut être autorisé à s'employer dans l'industrie ou le commerce, que dans le cas où l'Office public de placement, dont dépend la localité, où il était employé, ne parvient pas à lui procurer un emploi dans l'agriculture, et lui en offre un dans l'industrie ou le commerce. Si dans d'autres conditions il quitte un emploi agricole pour en prendre un industriel, il s'expose à être reconduit à ses frais à la frontière » (1).

En ce qui concerne les conditions sanitaires, il

(1) On a dû rapporter, afin d'éviter d'émouvoir les Gouvernements étrangers, une circulaire du Ministre de l'Intérieur du 23 juin 1923, qui, en cas de rupture de contrat, faisait une obligation aux travailleurs agricoles étrangers de reprendre leur emploi ou de quitter le territoire.

semble qu'elles étaient plus sérieusement contrôlées par le décret du 18 novembre 1920 que par celui du 6 juin 1922.

En vertu de l'article 4 du décret du 18 novembre 1920, dont voici les termes :

« Les travailleurs étrangers, pénétrant en France, doivent se présenter à l'un des bureaux d'immigration, ou, à défaut, à l'un des postes frontières fixés par arrêtés interministériels, pris sur la proposition de la Commission permanente de l'immigration (1). Ils doivent se soumettre aux prescriptions sanitaires ».

Les travailleurs étrangers étaient obligés, à leur entrée en France, de se présenter à un bureau d'immigration ou à un poste frontière, et l'article 6 sanctionnait le défaut à cette obligation, ainsi qu'il suit :

« Tout ouvrier étranger qui ne se sera pas soumis aux dispositions ci-dessus, pourra être reconduit, à ses frais, au bureau d'immigration ou au poste frontière, par lequel il aurait dû régulièrement pénétrer en France ».

Il est vrai que, seules, les dispositions contraires de ce décret, à celles du décret du 6 juin 1922, sont abrogées ; mais il semble que, en l'état actuel, les travailleurs étrangers, qui se dirigent directement vers les lieux de leur emploi, ainsi que le prévoit l'article 8 du décret du 6 juin 1922, peuvent se soustraire aux prescriptions sanitaires. Précédemment, tous les travailleurs étrangers, munis ou non d'un

(1) La Commission permanente de l'immigration a été instituée par le décret interministériel du 18 juillet 1920.

contrat d'embauchage, étaient tenus de se présenter aux organismes chargés de les recevoir, et on demandait même que ceux qui étaient munis d'un contrat, pourtant obligatoirement certifié par le Maire de la résidence de l'employeur, « soient, autant que possible, pris en charge, jusqu'à destination, par l'employeur ou son mandataire » (1).

La carte d'identité, avec les justifications que l'étranger est obligé de produire, permet une surveillance, qui pourrait être très effective, mais le nombre très élevé de cartes à distribuer, correspondant à l'afflux des étrangers, paraît rendre impossible toute enquête sérieuse, qui s'imposerait pour en rendre la délivrance efficace.

Toutes les indications recueillies sont transmises au « Service Central des cartes d'identité des étrangers », dépendant du Ministère de l'Intérieur (2), qui établit des fiches en concordance avec les cartes d'identité délivrées.

En vue d'unifier et de simplifier toutes ces dispositions, un projet de loi a été déposé par le Gouvernement, le 27 janvier 1920 (3), ayant pour objet de régler « les conditions d'admission, de séjour et d'établissement des étrangers en France ». Il établit le régime permanent du temps de paix, et il condense les dispositions éparses dans les différents textes. On cherche, tout en établissant une surveil-

(1) Lémonon. Décret du 21 avril 1917.

(2) Direction de la Sûreté Générale.

(3) Projet de loi n° 248, Chambre des Députés, Session 1920. Ce projet reprend les dispositions d'un projet n° 6.230, déposé le 3 juin 1919, qui ne put venir en discussion avant la fin de la précédente législature.

lance indispensable, à éviter les formalités inutiles, les vexations et à ne pas troubler la liberté de la circulation. Aux peines de simple police, qui étaient seules applicables, sont substituées, comme sanctions, des pénalités correctionnelles (1).

Cependant, en l'état actuel de la législation, et si elle était sérieusement appliquée, le contrôle, qui pourrait paraître moins sévère que celui exercé dans beaucoup d'autres pays, avec les nombreuses conditions imposées pour l'admission des immigrants, pourrait n'en être pas moins efficace, la délivrance de la carte d'identité, et, en conséquence l'autorisation de pénétrer en France, pouvant être refusée, lorsque les justifications produites par l'immigrant paraissent insuffisantes, ou lorsque les renseignements recueillis par l'autorité administrative sont défavorables. Ainsi, seuls les étrangers, qui pourraient être considérés comme de bons éléments, seraient admis à pénétrer en France.

Dans un livre publié à Genève, par le Bureau International du Travail, « Emigration et Immigration », en vue de réunir une documentation internationale complète du problème de l'émigration, on a groupé les conditions d'admission imposées par les divers pays, sous les huit chefs suivants (2) :

1° Conditions de police et de moralité ;

2° Conditions concernant la défense de l'ordre existant ;

(1) Ce projet a fait l'objet d'un rapport de M. Niveau, en date du 23 juin 1921, n° 2.858, et d'un rapport supplémentaire présenté le 6 juillet 1922, n° 4.710, au nom de la Commission de l'Administration ; au nom de la Commission de la Législation, M. Liouville a déposé un avis, le 9 mars 1922, n° 4.041.

(2) *Emigration et Immigration*, pages 165 et suivantes.

3° Conditions de race, religion ou nationalité ;

4° Conditions d'instruction ;

5° Conditions de santé ;

6° Conditions d'ordre économique et professionnel (situation de fortune, profession, contrat de travail, âge, sexe, etc.) ;

7° Limitation du nombre des admissibles ;

8° Dispositions dérogatoires diverses (établissement de passeports et octroi des visas, règlements temporaires, exemptions, interprétation).

Il est certain que l'autorité administrative française pourrait tenir compte de toutes les conditions jugées nécessaires pour la délivrance des cartes d'identité, et qu'elle a un pouvoir aussi étendu, sur ce point, qu'en matière de passeports et d'octroi de visas.

Nous sortirions du cadre restreint de cette étude, en examinant les conditions à l'admission, telles qu'elles sont posées par les différents pays, mais il est cependant intéressant de constater que les réglementations les plus strictes ont été presque exclusivement établies, et cela surtout pendant les quarante dernières années, par les Etats de l'Amérique du Nord et du Sud, l'Australie et les possessions anglaises de l'Afrique du Sud. L'explication réside dans la direction des courants migratoires, qui avaient surtout ces pays pour but, et d'autre part, en Europe « l'indifférence assez générale des Gouvernements à l'égard des mouvements migratoires rendait l'émigration aisée ; l'émigrant pouvait se décider librement, n'ayant à s'en prendre qu'à lui-même du succès ou de l'échec de sa tentative » (1).

Les principes, dont s'inspire l'actuelle politique française de l'immigration, ont été exposés dans la réponse du Gouvernement au questionnaire adressé aux différents Etats, par la Commission Internationale de l'Emigration, en vue de préparer ses travaux :

« Pour l'immigration, les principes directeurs du Gouvernement français sont inscrits dans le traité de travail avec l'Italie et dans les Conventions sur l'émigration et l'immigration, avec la Pologne et la République Tchéco-Slovaque.

Ces principes sont les suivants :

Toutes facilités administratives sont données aux étrangers désireux de se rendre en France, pour y travailler, et aucune condition spéciale ne leur est imposée à l'entrée sur le territoire français. Toutefois, ces facilités ne sont pas exclusives de l'application, des règles propres à la législation française. Elles ne sont pas exclusives, non plus, de l'organisation et de la réglementation des courants migratoires ouvriers. Il est apparu, en effet, qu'au lieu de laisser ces courants livrés à eux-mêmes, il importait de les empêcher de nuire au développement économique du pays d'émigration et aux nationaux travailleurs du pays d'immigration. C'est pourquoi, dans la mesure où les Gouvernements intéressés ont à intervenir, c'est-à-dire, notamment en matière de recrutement collectif autorisé ou demandé par eux, les traités précités ont fixé les règles, d'après lesquelles seraient déterminés les contingents d'ou-

(1) *Emigration et Immigration*, page XIV.

vriers à recruter collectivement. Cette détermination se fera par une entente entre la France et les pays intéressés, et cette conférence périodique procédera aux deux opérations suivantes :

a) Elle évaluera, approximativement, le nombre des ouvriers susceptibles d'être recrutés pour la période à venir.

b) Elle indiquera les régions, vers lesquelles les travailleurs immigrés pourront être dirigés, de préférence. Pour marquer le respect qu'elle a des intérêts ouvriers du pays d'immigration, cette Commission pourra s'entourer de l'avis des organisations patronales et ouvrières intéressées.

En outre, dans le cas où, au cours d'une période d'intercession de la Conférence, l'état du marché du travail ne permettrait pas dans certaines régions, ou pour certaines professions, de trouver un emploi aux immigrants venus individuellement chercher du travail, le Gouvernement intéressé doit en avertir immédiatement, par voie diplomatique, le Gouvernement de l'autre pays, pour le mettre à même de prendre les mesures nécessaires...

Les traités passés entre la France et les pays précités, posent le principe essentiel que le salaire des travailleurs immigrés ne doit pas être inférieur à celui des travailleurs nationaux de même catégorie, employés, soit dans la même entreprise, soit dans la même région, et ils ajoutent que le Gouvernement du pays d'immigration prend l'engagement de veiller à ce que sur son territoire cette égalité de salaires soit régulièrement observée.

En résumé, la France est favorable à l'immigration des ouvriers étrangers. Elle pose simplement comme règle que cette immigration doit être rationnelle et réglementée, pour ne pas nuire aux légitimes intérêts des ouvriers français, et ne pas risquer de troubler l'équilibre du marché du travail national » (1).

Dans cette politique, le Gouvernement français s'est inspiré uniquement de la protection de la main-d'œuvre nationale, et, avec le principe de l'égalité de salaire du national et de l'étranger, il s'est appliqué à éviter une concurrence possible de la main-d'œuvre immigrée.

Cette règle avait déjà été stipulée par les trois décrets du 10 août 1899, pour les marchés de travaux traités au nom de l'Etat ainsi que, sans obligation absolue, pour ceux traités au nom des Communes et des établissements publics de bienfaisance.

A cet égard, les travailleurs étrangers ont bénéficié, dans une certaine mesure, de l'adoption de ce principe ; s'il leur devenait impossible, au moins sur ce point, d'entrer en concurrence avec les nationaux, en revanche ne pouvait-on plus leur imposer du travail au rabais ; aussi, l'égalité de salaire était-elle réclamée, avec une vive insistance, par certains pays d'émigration.

Cependant, la protection de l'ouvrier étranger, qui découle de ce principe, ne lui est peut-être pas aussi favorable qu'il pourrait le paraître ; dans des conditions d'égalité de salaires, les qualités des travailleurs français reprennent tous leurs droits et leur confèrent l'avantage, alors que l'allocation d'un salaire moindre n'aurait pas été une gêne pour les

(1) *Emigration et Immigration*, pages 214 et 215.

immigrés, leurs habitudes plus rigoureuses d'existence leur permettant de s'en contenter.

En dehors de l'égalité de salaire qui, aussi bien, lui était réclamée, le Gouvernement français, en toute cette matière, a accédé aux nombreuses demandes des pays d'émigration ; on peut regretter, dans ces conditions, que les principes directeurs de la politique française aient été extraits des traités ou des conventions déjà conclus ; obligatoirement, ils en ont ressenti l'influence, et les concessions que le Gouvernement s'est cru obligé de faire, pourraient avoir des conséquences fâcheuses pour sa liberté d'action, lors de la conclusion de nouveaux accords. On peut se demander si cette politique de subordination, qui a été pratiquée, et qui ne se manifeste pas avec évidence dans la réponse du Gouvernement français au questionnaire de la Commission Internationale de l'Emigration, ne va pas créer pour l'Etat, et, en particulier, pour les finances du pays, une lourde charge dont le poids s'accroîtra, pour devenir sensible dans quelques années.

Ainsi que l'expérience l'a démontré, l'égalité de salaire, si équitable que ce principe soit en lui-même, pourvu que les taux n'en soient pas établis dans des conditions artificielles, n'en est pas moins très difficile à faire respecter. Cependant, il fallait, autant que possible, éviter que les travailleurs étrangers puissent nuire aux nationaux.

Mais, il semble qu'en concédant l'égalité de traitement aux ressortissants de certaines nations étrangères, le Gouvernement a assumé un lourd fardeau, sans aucune utilité et sans aucune contre-partie (1).

On ne peut retenir l'argument, en faveur de l'égalité de traitement, fondée sur la réciprocité ; même en admettant que les législations étrangères accordent aux travailleurs autant d'avantages que la législation française, la réciprocité, en fait, n'existe pas, et ne peut exister pratiquement. Les conventions ont été conclues entre la France, pays d'immigration et des nations, pays d'émigration ; un échange égal de travailleurs ne se produit pas entre ces divers pays, mais uniquement une immigration de travailleurs étrangers en France, qui aura, seule, à supporter les conséquences de la stipulation de l'égalité de traitement, alors que les pays étrangers en seront les bénéficiaires.

Dans certaines conventions (2), l'immigré obtient, même un traitement plus favorable que le travailleur national, avec l'obligation pour l'Etat de résidence de subvenir, dans certains cas, aux frais de maladie des travailleurs étrangers.

On pourrait objecter, qu'en n'allouant pas aux ouvriers immigrés les mêmes avantages qu'aux travailleurs nationaux, le principe de l'égalité de salaire aurait été entamé, et que tout au moins le but visé par le Gouvernement français, qui est d'empêcher par ce moyen la concurrence, aurait risqué de ne pas être atteint. L'objection aurait, évidemment, une certaine portée, en ce qui concerne les contributions patronales, là où elles doivent intervenir, ces dernières pouvant être considérées comme une partie

(1) Dans les seuls hôpitaux de Paris, la dépense, durant l'année 1923, s'est élevée à la somme de 11 millions de francs, pour le traitement des malades étrangers.

(2) Cf. Traité franco-italien et Convention franco-polonaise.

du salaire, différée quant à la perception. Mais n'aurait-il pas été possible d'envisager, en faveur des travailleurs étrangers, un traitement mixte, au moyen duquel ils auraient bénéficié seulement des contributions patronales, et, avec lequel, l'Etat français aurait été déchargé de la plupart de ses obligations (1). Dans cet ordre d'idée, la République Tchéco-Slovaque a obtenu simplement la stipulation de l'égalité de salaire, pour ses émigrés.

Au surplus, ces nombreuses concessions vont à l'encontre d'une politique de naturalisation bien comprise. Les travailleurs étrangers, bénéficiant des mêmes avantages que les nationaux, n'auront plus d'intérêt à obtenir la qualité de Français, et les formalités, simplifiées mais indispensables à la naturalisation, seront, même pour ceux qui auraient désiré encore l'acquérir, des obstacles qu'ils ne tenteront même plus de franchir. Ils jouiront des mêmes mesures de prévoyance, d'assistance et de protection, tout en ne supportant pas certaines charges très onéreuses, telles que l'impôt ou le service militaire.

A cet égard, il faut constater, à l'aide des chiffres suivants (2), le nombre infime de fils d'étrangers résidant en France qui optent, à l'âge de la conscription, pour la nationalité française :

Classe 1921, 316 pour 30.500 inscrits. Soit 1.04 %.
Classe 1922, 568 pour 31.118 inscrits. Soit 1.82 %.
Classe 1923, 534 pour 30.569 inscrits. Soit 1.76 %.

Une flagrante inégalité est ainsi créée à leur pro-

(1) Cf. Loi du 15 avril 1910, art. 11, sur les retraites ouvrières et paysannes.
(2) Réponse de M. le Préfet de la Seine à une question de M. René Fiquet, Conseiller Municipal de Paris.

fit, et pendant que les travailleurs nationaux sont retenus sous les drapeaux, ils ont toutes facultés de saisir et de conserver les meilleures places, ou, tout au moins, d'obtenir un privilège d'ancienneté sur les nationaux dans leurs emplois.

Même en concédant pour des considérations d'humanité certaines mesures de protection, d'assistance ou de prévoyance, il aurait peut-être été opportun de réserver, parmi ces dispositions, et particulièrement parmi celles concernant la prévoyance, un certain nombre d'entre elles très favorables, au bénéfice desquelles seuls les nationaux, auraient été admis. Beaucoup de ces prescriptions ont une origine généreuse, dont la réalisation entraîne un sacrifice important de la part du pays, et ce sacrifice deviendra plus lourd avec l'augmentation du nombre des bénéficiaires, tandis que le nombre de ceux qui le supporteront restera constant. La progression de la législation sociale, avec les dépenses croissantes qui, en l'état actuel, vont être engendrées de ce chef, pourra en être retardée pendant longtemps, et les travailleurs nationaux seront les premières victimes de cette extension de leurs avantages au profit des étrangers. Cette progression sera, d'autre part, encore éloignée par les charges très lourdes qu'elle entraînerait, puisque, d'après les clauses de certains traités, les travailleurs étrangers bénéficieraient aussi de plein droit de toute amélioration, sous certaines conditions, il est vrai, à preciser, mais qui ne pourraient apporter d'atténuations avec les principes dont ces traités se sont inspirés (1).

(1) Cf. Convention franco-italienne du 30 septembre 1920, article 8, et Convention franco-polonaise du 14 octobre 1920, article 2.

On ne peut dire que ces divers avantages représentent un droit pour les étrangers. Par leur travail, comme les nationaux, ils contribuent à la création de richesses, mais ils en reçoivent leur part, sous la forme du salaire qui leur revient, et dont leurs pays profitent par les envois d'argent qu'ils y font.

« On croit (1) assez souvent, en France, que le travailleur étranger est une source de richesses pour le pays qui l'emploie. Il en est une surtout pour le pays d'où il vient. On rappelle que les « rimessi » annuels des émigrants sont une ressource dont le budget italien, l'expérience depuis la guerre le prouve, ne se passe que difficilement. L'ouvrier italien travaille en France contre un salaire, dont la majeure partie est destinée à retourner en Italie. Son activité nous sert, nous la rémunérons, que nous demander de plus, alors que consommant en réalité fort peu, il ne fait pas bénéficier notre patrimoine national de son gain ? »

Au milieu du trouble politique qui a suivi la guerre, le Gouvernement français a été obligé d'accorder ces nombreux privilèges aux ressortissants émigrés de plusieurs nations étrangères. Le lien artificiel, avec lequel a été uni le problème de l'immigration en France à la solution d'autres problèmes politiques, n'a pas été sans avoir une certaine influence sur les accords qui ont été signés, et qui ont engagé d'autant plus l'avenir de la politique française que, dans certains d'entre eux, a été inscrite la clause

(1) E. Lémonon, pages 60 et 61.
Nous devons signaler que M. Lémonon, partisan d'une politique de large conciliation, expose impartialement et objectivement les tendances de l'Italie et de la France et que le passage précité est extrait de la discussion.

réservant aux contractants le traitement de la nation la plus favorisée (1).

Le 3 septembre 1919, le Gouvernement français signait une Convention avec le Gouvernement polonais, garantissant aux ressortissants des parties contractantes l'extension à leur bénéfice « des avantages plus étendus que ceux prévus à la présente convention », qui pourraient être accordés postérieurement aux ressortissants d'une autre puissance. Aussi, à la suite du traité conclu le 30 septembre 1919, entre la France et l'Italie, contenant des clauses très favorables pour les immigrés, le Gouvernement français a signé le 14 octobre 1920 une nouvelle convention avec la Pologne, complétant le traité de 1919, et stipulant les mêmes clauses que le traité franco-italien. Il y a lieu de dire que, lors de la signature de la première convention franco-polonaise, cette nouvelle convention avait été prévue, pour déterminer les conditions, dans lesquelles les travailleurs français en Pologne et polonais en France bénéficieraient des lois d'assistance et de prévoyance sociale, mais ces conditions auraient pu être moins avantageuses pour les immigrés sans l'appui du traité franco-italien.

Cependant, à côté des intérêts de la main-d'œuvre nationale et de ceux des ressortissants des nations étrangères, qui, à première vue, pourraient sembler identiques, les autres intérêts intérieurs auraient pu être pris en considération, et il aurait peut-être été

(1) Cf. Convention franco-polonaise du 3 septembre 1919, articles 3 et 4.

Conventions entre la France et la République tchéco-slovaque du 20 mars 1920, article 3, en ce qui concerne la protection.

possible, sans adopter des mesures aussi favorables aux étrangers immigrés et, en apparence, aux travailleurs nationaux, de concilier les intérêts de ces derniers avec les intérêts des autres catégories de la population.

Cette politique aurait pu être néfaste pour la production française, si elle n'avait été protégée très efficacement par les barrières que la dépréciation de la monnaie nationale mettait à l'importation des produits étrangers. On pourra, peut-être, se rendre compte plus tard combien la dépréciation de la monnaie française a aidé à la reconstitution et au rétablissement de la production. Aussi bien sur le marché intérieur que sur le marché international, la concurrence étrangère ne pouvait plus menacer nos produits. L'exportation a été encouragée dans des proportions importantes, par les prix très élevés en monnaie appréciée, tandis qu'à l'intérieur, la marge de bénéfice pouvait demeurer très forte. Les établissements, qui n'avaient pas souffert de la guerre, ont été incités à augmenter le plus possible leur production, et ceux, dont les éléments de production avaient été détruits, à faire la plus grande diligence dans leur reconstitution, pour pouvoir profiter de ces profits inaccoutumés. Avec l'espoir d'une rémunération importante, de nouveaux capitaux ont pu être investis, hâtant encore l'œuvre de reconstitution, qui aurait pu être retardée par les difficultés financières de l'Etat.

Ainsi, les salaires très élevés demandés par la main-d'œuvre nationale et imposés, en outre, par des traités pour la main-d'œuvre étrangère, ont pu ne pas nuire à la production, cette dernière pouvant établir ses prix en conséquence.

Cependant, cette élévation des prix sur le marché du travail n'avait pas pour origine un principe exact, elle était déterminée par une demande sans précédent, consécutive à la nécessité de réparer les dévastations commises par l'ennemi, en même temps que de combler l'arriéré dans les divers travaux, et par la pénurie de la main-d'œuvre nationale, en disproportion avec l'importance de la nation. La main-d'œuvre étrangère a bénéficié de salaires anormaux parce que, en contre-partie d'une demande considérable, il ne se présentait qu'une offre très restreinte de main-d'œuvre nationale, et qu'un élément possible de cette offre, la main-d'œuvre étrangère, capable de corriger les effets de ce qu'il y avait d'anormal dans la masse des travaux à exécuter n'intervenait que lorsque les conditions avaient déjà été arrêtées sur le marché du travail.

Qui pourrait dire que les salaires auraient été aussi élevés, si la lutte s'étant passé en territoire ennemi, il n'y avait pas eu l'immense travail de remise en état de l'une des parties les plus riches de la France ?

Si la production a pu supporter l'élévation du taux des salaires, elle a néanmoins souffert des difficultés à s'approvisionner en main-d'œuvre, avec les nouvelles formalités imposées à l'introduction des travailleurs étrangers, et avec les longs délais nécessaires pour obtenir satisfaction des organismes chargés du recrutement. Ces difficultés ont été sensibles dans l'agriculture, et surtout dans les régions de petite et de moyenne culture, dans lesquelles l'acceptation des contrats présentés à l'avance par les Offices de placement, paraissait dangereuse.

Le manque de sélection des travailleurs immigrés par voie de recrutement collectif, ainsi que cela était à craindre, n'a pas été sans nuire aux demandes de main-d'œuvre étrangère. Les conventions entre la France et la Pologne et entre la France et la République Tchéco-Slovaque, renferment des clauses, presque identiques, concernant cette sélection et le classement avant leur départ des émigrants. Mais ce classement a donné lieu, suivant les nations, à des résultats très irréguliers. Il semble que les organismes de la République Tchéco-Slovaque y apportent un grand soin. Mais, il est bien certain que, seul, l'employeur peut savoir exactement les qualités qu'il désire trouver chez ses travailleurs. Il faut attendre que les différents organismes, récents pour la plupart, se soient complètement assimilés à leurs opérations, car le recrutement direct par les employeurs, qui aurait pu temporairement donner des résultats favorables en Pologne et en Tchéco-Slovaquie, même dans les limites étroites des différents règlements, est formellement interdit en vertu de l'article 13 de la Convention franco-polonaise du 3 septembre 1919, et de l'article 3 de la Convention entre la France et la République Tchéco-Slovaque du 20 mars 1920.

A la suite des hostilités, il paraissait difficile de laisser l'immigration libre, bien que l'ampleur de la demande de main-d'œuvre n'eut pas permis, d'une part, le renouvellement des abus qui s'étaient produits avant 1914, et, d'autre part, l'avilissement des salaires. Mais, tout en surveillant l'introduction et en la réglementant dans une certaine mesure, il aurait été possible de laisser plus de liberté aux intérêts en présence ; l'immigration aurait apporté une partie de son contingent sur le marché du travail dont le fonctionnement ainsi, aurait pu être plus normalement assuré, en dépit des circonstances fortuites et accidentelles, provenant de la guerre.

Il en aurait découlé une plus grande facilité dans l'approvisionnement en main-d'œuvre, et, en plus, les taux des salaires, qui avaient suivi une marche ascendante bien plus rapide que la dépréciation de la monnaie, auraient pu être maintenus à des chiffres plus en rapport avec les conditions de l'économie. En particulier, les taux des salaires des ouvriers spécialistes qui, depuis 1914, n'avaient cessé d'augmenter, et qui avaient encore accentué ce mouvement à la suite des hostilités, auraient pu être ramenés dans une plus juste proportion avec les taux des autres catégories de travailleurs.

Ce n'est pas que cette liberté, assez limitée, eût été préjudiciable à la main-d'œuvre nationale, et les avantages certains, qu'elle aurait trouvés dans le retour rapide du pays à la vie économique normale, auraient largement compensé une moindre hausse des salaires. Défendue d'abord par ses qualités, il aurait toujours été possible de restreindre l'introduction, ainsi que cela a été pratiqué durant l'année 1921.

Au surplus, la concurrence des ouvriers étrangers n'a pas cessé d'exister avec les mesures prises. Dans certaines régions, on s'en aperçoit actuellement, les travailleurs nationaux en sont réduits au chômage, tandis que les immigrés travaillent, et qu'ils envoient la plus grande partie de leurs salaires dans leur pays d'origine (1).

(1) Chambre des Députés, Séance du 20 mars 1924. Interpellation de M. Desjardins sur les « mesures que le Gouvernement compte prendre pour remédier à la crise du chômage dans les régions libérées et pour réduire le nombre des ouvriers étrangers ».

En fait, les règles, qui ont été appliquées, ont surtout bénéficié aux travailleurs étrangers et à leurs pays, tandis qu'ils avaient une tendance à négliger les engagements contenus dans leurs contrats, et même à les rompre, au préjudice des employeurs, qui avaient fait l'avance de tous les frais, et qui ne détenaient qu'un recours illusoire pour les récupérer (1).

Il y aurait, cependant, une réelle utilité à faire tenir leurs engagements à ces immigrés, car si, d'un côté, une exploitation risque d'être désorganisée par le brusque départ d'un certain nombre d'entre eux, d'autre part, presque toujours la rupture du contrat est provoquée par l'attente ou la promesse de meilleures conditions de travail, d'où peut provenir une hausse absolument injustifiée des salaires et l'encombrement dans l'une des catégories, industrielle ou agricole, au détriment de l'autre. Mais les difficultés, pour faire respecter ces contrats sont telles avec la surveillance qui serait nécessaire, qu'il ne semble guère possible que l'on puisse arriver à établir un contrôle suffisant pour assurer l'exécution de ces engagements (2).

(1) Cf. le journal *Le Matin*, n° du 20 mars 1924, « Les travailleurs étrangers affluent dans nos campagnes ». Ayons une politique d'immigration et forçons les immigrés à respecter nos lois et leurs engagements. A. Riverain, Membre de l'Académie d'Agriculture.

(2) Des propositions tendant à réprimer le débauchage des ouvriers étrangers en France sont en préparation avec des pénalités assez élevées, prévues, comme sanction, contre les employeurs responsables, mais l'ouvrier étranger ne pourra être atteint efficacement car il est habituellement dépourvu de ressources et, d'autre part, on craint d'éveiller les susceptibilités des gouvernements étrangers par l'annonce de mesures répressives.

Cf. Proposition de résolution n° 770, Session extraordinaire 1924, Sénat, « tendant à inviter le Gouvernement à réprimer le débauchage des ouvriers étrangers en France ».

Le Gouvernement français, ne tenant compte que de ce qu'il croyait être les intérêts des travailleurs nationaux, n'est parvenu par sa politique, qu'à sauvegarder leurs intérêts apparents et immédiats, aux dépens de l'avenir.

En concédant l'égalité de salaire et, par certaines conventions, l'égalité du traitement aux ressortissants, en France, de diverses nations, il a été donné satisfaction aux désirs, maintes fois répétés, de la classe ouvrière. Ainsi, on pensait rendre impossible désormais la concurrence des travailleurs étrangers, dont les conditions de travail devenaient identiques à celles des travailleurs nationaux, avec les mêmes charges pour les employeurs, mais aussi avec des infériorités provenant des difficultés de langage, souvent du manque d'expérience et des habitudes différentes. En réalité, si le maintien des hauts salaires a pu partiellement être obtenu, les mesures favorables, que la classe ouvrière aurait pu attendre de l'avenir, seront reculées par suite des charges immédiates que la concession de l'égalité de traitement à certaines populations étrangères va susciter pour l'Etat.

Si toutes les précautions prises pour éviter la concurrence n'ont pas été, tant s'en faut, productrices des résultats escomptés, elles ont, d'autre part, été encore contrariées par la très importante immigration individuelle. Le principe de l'égaltité de salaires du national et de l'étranger en a été très atteint. Il est en effet impossible pour l'autorité administrative de s'immiscer dans tous les engagements particuliers de ces immigrés. En particulier, sur les frontières, la concurrence a été des plus vives, les étrangers acceptant de travailler pour des salaires minimes (1). Dans ces régions, voisines de leurs pays d'origine, des groupements importants d'immigrés se sont constitués, et, tout en gardant leur nationalité d'origine, ils habitent définitivement la France.

Poussant à ses plus extrêmes limites le principe de l'égalité de traitement, une certaine partie de l'opinion d'une nation, qui nous envoie les plus forts contingents, l'Italie, méconnaissant l'avantage que peut conférer à ses ressortissants sur les autres travailleurs, leur indépendance à l'égard des Syndicats, a réclamé avec insistance les mêmes droits pour ses émigrés dans les associations ouvrières que les nationaux et la modification de l'article 4 de la loi du 21 mars 1884, qui écarte les étrangers de l'administration et de la direction des Syndicats (2).

Cette prétention semble, à bon droit, excessive : outre qu'il ne serait pas admissible que des étrangers puissent intervenir dans la réglementation du travail national, la voie d'action politique illégale, dans laquelle les associations ouvrières se sont engagées, est une raison suffisante pour fermer aux étrangers l'accès des fonctions de direction.

La réglementation de l'immigration et du travail des étrangers, telle qu'elle a été conçue, a été désavantageuse pour toutes les classes sociales, et, parmi celles-ci, pour la classe ouvrière, car, si elle est dan-

(1) Dans les départements méditerranéens, Italiens et Espagnols en grand nombre acceptent des salaires peu élevés. Dans ces régions, et pour des journées de travail très supérieures à huit heures, la main-d'œuvre féminine étrangère, très nombreuse, reçoit des salaires s'élevant à 6 francs environ.

(2) Cf. E. Lémonon, page 37.

gereuse pour son avenir, elle ne semble pas avoir présenté de réels avantages pour le présent.

D'autre part, si les dispositions adoptées se sont révélées en grande partie inopérantes et génératrices de maigres profits, l'Etat français n'en continue pas moins à assumer les charges qui lui incombent, suivant les accords qu'il a conclus.

Toute la population avait intérêt au retour du pays, dont l'économie avait été profondément troublée par la guerre et ses conséquences, à un état normal. Pour réaliser ce programme, il fallait reconstituer rapidement les parties dévastées du territoire et procéder à la réadaptation du reste de la France à une situation de paix, tout en rattrapant le retard de quatre années de lutte. Un des éléments de cette tâche reposait sur la main-d'œuvre, son approvisionnement facile et, en même temps, sur le maintien du taux des salaires en corrélation avec les conditions de l'existence.

Les difficultés rencontrées dans l'approvisionnement en main-d'œuvre, provenant d'une réglementation trop étroite, a éloigné ce retour à une ère de paix ; la reconstitution des différents moyens de production, en même temps que leur développement, instruments de gains assurés et croissants pour la population ouvrière, en a été retardée.

Il n'y a pas jusqu'aux avantages réservés aux travailleurs par la législation sociale, qui n'aient perdu de leur valeur, et toutes ces mesures bienfaisantes qui, dans une période normale, leur auraient été d'une aide et d'un secours efficaces, ont pu paraître insuffisantes et souvent dérisoires.

La population ouvrière avait donc, elle aussi,

intérêt à hâter la durée de cette période de transition, dont la fin lui aurait permis de profiter complètement de salaires justement adaptés aux conditions de la vie, et de tous les avantages de la prévoyance et de l'assistance, qui auraient repris alors leur pleine valeur.

Par des mesures, tout au moins prématurées, inspirées par une politique en accord avec les aspirations ouvrières, le Gouvernement français a prolongé, en matière de travail, une période troublée dont ont profité les travailleurs étrangers et particulièrement ceux immigrés par voie de recrutement collectif.

Il semble qu'il eût été préférable, pour pratiquer cette politique, d'attendre le retour à l'état normal, avec lequel les dispositions à adopter auraient été empreintes d'éléments déterminants plus certains et surtout plus stables. Cela n'empêchait pas de mettre en œuvre des mesures transitoires destinées à sauvegarder les justes intérêts de la classe ouvrière, et ainsi, il aurait été possible d'attendre le moment où une politique d'ensemble aurait pu être construite sur une base solide.

CHAPITRE IV

LES TRAITES ET LES CONVENTIONS DE TRAVAIL

La politique des mouvements migratoires, dans la majorité des Etats, a été sensiblement modifiée depuis la guerre de 1914, et de même que tous les rapports internationaux, elle a été empreinte d'un protectionnisme renforcé, aussi bien dans les pays d'émigration, quant aux ressortissants émigrés, que dans les pays d'immigration, quant à la main-d'œuvre nationale. Sous deux aspects différents, les mêmes principes ont été appliqués.

Les nations riches en hommes ont essayé d'obtenir des garanties et des avantages pour leurs émigrés, et les autres Etats, qui recevaient ce contingent de travailleurs, s'ils ont accordé les garanties demandées, par contre ils ont réglementé l'immigration dans des limites assez étroites pour que l'afflux des étrangers, malgré l'augmentation de puissance économique qui en aurait été le résultat, ne puisse nuire à la main-d'œuvre nationale.

Ainsi, toutes les clauses des conventions conclues

à la suite de la guerre, se rattachent à ces deux ordres d'idées qui se complètent : d'une part, l'amélioration du sort des immigrés (1) et l'assimilation de leur condition à celle des travailleurs nationaux, revendiqués par les nations exportatrices, d'autre part, réglementation et limitation de l'immigration pour la protection de la main-d'œuvre des pays importateurs.

Ce que l'on peut constater de nouveau dans cette politique protectionniste réside dans l'intérêt que les pays européens d'immigration, et tout particulièrement la France, y ont apporte. Il y a peu d'années encore, ces mêmes nations se désintéressaient entièrement des phénomènes migratoires, et l'arrivée, comme le départ, des travailleurs étrangers bénéficiait de la plus entière liberté.

Pour les pays d'émigration, la tendance protectionniste est très éloignée d'être aussi récente, et, depuis longtemps, ils désiraient mettre en œuvre cette politique; mais devant l'indifférence et l'abstention des nations importatrices, ils ne pouvaient parvenir à la réalisation de leurs conceptions.

Aussi, quand, à la suite de la guerre, le Gouvernement français est entré résolument dans la voie de l'organisation de l'immigration, ces Etats ont fait valoir leurs demandes, et ils ont pu obtenir qu'il soit accédé à la plus grande partie de celles-ci.

Pour des raisons de sécurité, la guerre avait obligé les nations à prendre des mesures législatives concernant les étrangers résidant sur leur territoire ; il était nécessaire, après les hostilités, et avec le

(1) Cf. Traité de Versailles et la recommandation de la Conférence Internationale de Washington de 1919.

rétablissement des relations internationales, de concilier ces prescriptions diverses qui pouvaient nuire aux bons rapports.

Les dispositions législatives ont une portée forcément restreinte, ne pouvant s'appliquer qu'aux nationaux, ou aux étrangers présents sur le territoire de l'Etat ; aussi, ces dispositions paraissaient insuffisantes, et demandaient à être complétées par l'action diplomatique, dont le champ est sensiblement plus étendu.

Par ce moyen, les pays d'émigration ont pu suivre leurs ressortissants émigrés ; leur influence n'a plus été arrêtée par les frontières, et ils ont pu l'exercer au moment du départ de l'émigrant, pendant son voyage et, surtout, au cours de son séjour dans le pays de destination. Ainsi il s'en est suivi une coopération entre les Gouvernements des pays d'émigration et ceux des pays d'immigration, pour la réglementation des conditions de vie et de travail des immigrés, restreignant, dans une certaine mesure, le pouvoir des Gouvernements des pays de résidence.

Le Gouvernement français a conclu des traités ou des conventions de travail avec diverses nations, et, si sa réglementation législative avait été tardive, avec l'action diplomatique il a fait rapidement accomplir des progrès considérables au droit international ouvrier, et les documents qui en ont été le résultat ont une grande valeur pour son avenir.

Désirant protéger la main-d'œuvre nationale contre la concurrence étrangère, le Gouvernement français, tout en imposant des conditions à l'introduction, a été entraîné à accorder des avantages importants aux immigrés, donnant ainsi satisfaction aux Gouvernements des pays d'émigration, qui pensaient, à bon droit, posséder une richesse, mais ne voulaient pas s'apercevoir que, faute de pouvoir l'utiliser, et même la faire vivre sur leurs territoires, elle perdait en réalité toute valeur d'échange.

Il semble que l'on puisse penser, à juste titre, que si la France était restée dans son attitude ancienne d'indifférence en la matière, tout en appliquant la réglementation dont la guerre avait fait apercevoir la nécessité, l'immigration aurait été aussi importante sans la protection des traités, et sans que les pays d'émigration puissent restreindre ou empêcher la venue de leurs ressortissants sur le territoire français. Seulement, les traités de travail ont été le complément des traités de paix, et il est possible que la solution de questions étrangères aux mouvements migratoires, aient été liées à la conclusion des différents accords.

Ce n'est pas que, déjà, avant la guerre de 1914, des traités de travail n'aient été conclus, mais on ne peut trouver, dans leur matière, des points de comparaison avec l'étendue et l'importance des récents accords, et avec la minutie, avec laquelle ont été réglées les différentes questions que les mouvements migratoires pouvaient faire naître.

Cependant, cartains de ces traités d'avant-guerre étaient déjà très complets. L'Allemagne avait préparé la voie à des arrangements internationaux, en inscrivant dans sa législation qu'elle accorderait la réciprocité aux nations qui concéderaient aux Allemands immigrés chez elles, le bénéfice d'avantages équivalents à ceux que la législation allemande réservait aux travailleurs.

Le traité du 15 avril 1904, conclu entre la France et l'Italie, fut cependant la première manifestation du principe introduit par l'Allemagne dans sa législation.

Son but était (1) :

« D'assurer à la personne des travailleurs des garanties de réciprocité analogues à celles que les traités de commerce ont prévu pour les produits du travail, et particulièrement de :

» 1° Faciliter aux nationaux de chaque partie contractante, travaillant à l'étranger, la jouissance de leurs épargnes, et leur ménager le bénéfice des assurances sociales ;

» 2° Garantir aux travailleurs le maintien des mesures de protection déjà édictées en leur faveur, et concourir aux progrès de la législation ouvrière ».

Ce traité, complété par les conventions du 20 janvier 1906, du 9 juin 1906, du 15 juin 1910 et du 9 août 1910, arrêtait les conditions de transfert des dépôts, entre les Caisses d'Epargne des deux pays (2), et de transfert des sommes versées à titre de retraites ; il réglait les retraites ouvrières, les accidents du travail et la protection des jeunes ouvriers (3).

En ce qui concerne les retraites ouvrières, les versements effectués par le travailleur étranger lui appartenaient sans restrictions ; le bénéfice des versements patronaux était subordonné à la conclusion d'une nouvelle convention, établissant la réciprocité

(1) *Emigration et Immigration*, page 385.
(2) Cf. Convention du 31 mars 1882 entre la France et la Belgique modifiée le 4 mars 1897.
(3) E. Lémonon, pages 35, 36 et 37.

entre les deux nations ; quant à la contribution de l'Etat, elle devait être fixée par chaque Gouvernement, chacun s'engageant à faciliter le paiement, sur son propre territoire, des retraites acquises sur le territoire de l'autre.

Pour les accidents du travail, une assimilation complète (1) était établie entre Français et Italiens, et, sur ce point, le traité du 30 septembre 1919 rappelle uniquement la convention de 1906. Celle-ci envisageant cette question sous le même aspect que la convention franco-belge du 21 février 1906, qui prévoyait l'assimilation complète des ressortissants des parties contractantes pour la réparation des accidents du travail, modifiait le traité de 1904, qui imposait au titulaire d'une pension, ou au moment de l'accident, à ses représentants, l'obligation de résider en France pour bénéficier des arrérages de la pension ; à défaut de cette résidence, les ayants droit ne pouvaient prétendre qu'à une indemnité (2). A la suite de la Convention du 9 juin 1906, cette obligation avait cessé d'être imposée.

En cette matière restreinte, différents accords furent conclus, qui se plaçaient sur le terrain préparé par les négociations franco-italiennes. La convention entre la France et le Luxembourg, en date du 27 juin 1906, reproduisait textuellement la convention franco-belge du 21 février 1906, dont s'étaient inspirés, quelques jours plus tôt, les négociateurs de la convention franco-italienne de 1906.

Le principe de l'assimilation pour la réparation des accidents du travail, fût encore consacré dans la

(1) Convention du 9 juin 1906.

(2) C.f Loi du 9 avril 1898, art. 3.

convention du 3 juillet 1909, entre la France et l'Angleterre.

La convention entre la France et la République de Saint-Marin, en date du 9 août 1917, se rattachait très étroitement à la convention franco-italienne. L'Etat de Saint-Marin s'engageait à adopter la législation italienne des accidents du travail, et la coopération des agents consulaires italiens était prévue pour l'accomplissement des formalités nécessaires, à défaut des agents consulaires de la République de Saint-Marin.

Ces différents accords avaient pour but de fixer certains points spéciaux, et, non pas, ainsi qu'il a été pratiqué, surtout depuis la guerre, d'envisager la condition de l'immigré prise dans son ensemble (1). Cependant, le traité franco-italien du 15 avril 1904, dans son cadre particulier, avec les différentes conventions qui l'ont modifié, a pu servir de modèle avec les nombreuses formes de prévoyance et d'assurance qui y sont envisagées. Déjà, il prévoyait la conclusion d'arrangements en matière d'assurance contre le chômage.

Avec les documents diplomatiques qui ont suivi la guerre, la portée des traités de travail a été largement étendue, et des clauses nouvelles, concernant la circulation de la main-d'œuvre d'un Etat à l'autre, ont été introduites, conséquences des principes protectionnistes adoptés par les différents Etats.

(1) « A peine quelques accords, tels que celui entre la France et la Suisse du 24 septembre 1882, sur l'assistance aux aliénés et aux enfants abandonnés, ou entre la France et les Pays-Bas du 11 février 1911, sur le rapatriement des aliénés et des indigents, constituent-ils un embryon de législation internationale. » Cf. *L'aspect juridique de l'immigration ouvrière.* W. Oualid.

Trois accords conclus par la France, à la suite des hostilités, avec la Pologne, en date du 3 septembre 1919, avec l'Italie, le 30 septembre 1919, avec la République Tchéco-Slovaque, le 20 mars 1920, sont représentatifs de la politique française de l'immigration, ainsi que le Gouvernement le déclare dans sa réponse au questionnaire de la Commission Internationale de l'Emigration.

« Ces trois documents peuvent être considérés comme faisant un tout : les clauses particulières, relatives à l'émigration individuelle, au recrutement et à la condition des travailleurs immigrants établis en France, sont plus développées dans les conventions avec la Pologne et la République Tchéco-Slovaque que dans le traité franco-italien ; mais les textes essentiels sont à peu près identiques dans ces trois documents diplomatiques qui sont inspirés du même esprit...

Les nouvelles Conventions d'immigration et d'émigration marqueront, d'ailleurs, un incontestable progrès dans l'application internationale de la législation du travail ; elles favoriseront le développement harmonique des diverses législations nationales, tout en assurant aux travailleurs une protection efficace, basée sur le respect réciproque des droits souverains des Etats contractants » (1).

La Convention Franco-Polonaise du 3 septembre 1919, la première qui ait été conclue, a été complétée par la Convention du 14 octobre 1920, prévue par le protocole additionnel à la Convention de 1919,

(1) Bertrand Nogaro, « Les récentes Conventions d'émigration et d'immigration » (*Revue politique et parlementaire*, Paris, 10 octobre 1920) Cf *Emigration et Immigration*, page 343.

pour déterminer : « les conditions dans lesquelles, les travailleurs français en Pologne et polonais en France, seront appelés à bénéficier des lois d'assistance et des lois de prévoyance et d'assurance sociales, et, pourront exercer le droit syndical et le droit d'association, conformément aux lois internes de chacune des hautes parties contractantes ».

Ces deux Conventions forment un ensemble très large, la première réglant particulièrement les conditions de l'émigration individuelle et du recrutement collectif, contient à peu près toutes les clauses de la Convention que la France a conclue, par la suite, avec la République Tchéco-Slovaque, le 20 mars 1920 ; la seconde renferme des dispositions presque textuellement reproduites du traité de travail franco-italien du 30 septembre 1919. Cependant, elle n'a pu que régulariser un état de fait : en vertu de l'article 4 de la Convention Franco-Polonaise de 1919, stipulant la clause de la nation la plus favorisée, et, à la suite de la signature du traité franco-italien, il semble que le bénéfice des avantages très étendus qu'il contenait devait déjà être accordé aux ressortissants polonais.

Une différence, cependant, existe entre la Convention Franco-Polonaise du 14 octobre 1920 et le traité entre la France et l'Italie du 30 septembre 1919.

D'après ce dernier traité, et en conformité du projet élaboré à Paris le 16 novembre 1912, sur l'initiative du Gouvernement français, par une conférence des délégués du Comité International des Congrès d'Assistance Publique, l'Etat de résidence est tenu de supporter les frais de maladies des travailleurs immigrés perdant une première période de quarante-cinq jours (1), à la suite de laquelle il peut réclamer à l'Etat d'origine le remboursement des nouveaux frais, ou procéder au rapatriement. D'après les articles 7 et 9 de la Convention Franco-Polonaise, le délai est porté à soixante jours.

D'autre part, des garanties plus sérieuses de santé sont prises avec les ressortissants polonais : une double visite médicale, à laquelle ne sont pas soumis les travailleurs italiens, est imposée aux émigrants, l'une en Pologne, l'autre en France (2).

Dans la Convention Franco-Polonaise du 3 septembre 1919, on s'est conformé, en tous points, aux principes préconisés par « la Commission Interministérielle de la main-d'œuvre », qui se tenait, pendant la guerre, auprès du Ministère du Travail et qui comptait des représentants des associations ouvrières (3).

« 1° Stipulation expresse de l'égalité rigoureuse pour les travailleurs immigrés et français, en matière de conditions du travail, de rémunération, de protection, d'accidents du travail, etc.

« 2° Liberté d'immigration et d'émigration d'un pays à l'autre, sous les réserves justifiées par les lois sanitaires, la situation du marché du travail.

» 3° Détermination annuelle du nombre et de la catégorie des travailleurs, pouvant faire l'objet d'un recrutement collectif ; constitution à cet effet d'une

(1) Article 13 du traité franco-italien.
(2) Cf. *Emigration et Immigration*, page 387.
(3) Cf. *Bulletin du Ministère du Travail*, janvier-février 1920. Cf. *Emigration et Immigration*, page 354.

Commission se réunissant alternativement à Paris et à Varsovie, au moins une fois l'an, et à laquelle, chacun des deux Gouvernements doit présenter l'avis d'un Comité consultatif national, groupant des délégués des services intéressés et des représentants patronaux et ouvriers.

» 4° Utilisation exclusive pour le recrutement collectif des Offices publics de placement, avec adjonction d'une mission officielle, ou de représentants des employeurs chargés de procéder à l'examen professionnel et physique des ouvriers, avant leur départ.

» 5° Subordination du placement des ouvriers, ayant un contrat d'embauche, à la condition que ce contrat soit conforme aux principes de la Convention ».

Divisée en trois parties, mais remarquable surtout par les deux dernières : « Emigration individuelle », « Recrutement collectif », la Convention a été conclue dans le désir de « régler, dans le plus grand esprit d'entente amicale, les mouvements d'émigration entre les deux pays et assurer à leurs nationaux respectifs la réciprocité des bénéfices de la législation en vigueur, sur la réparation des dommages résultant des accidents du travail ». Ainsi, d'une part, les mouvements migratoires vont être réglementés, et, d'autre part, la réciprocité est établie pour la réparation des accidents du travail.

Dans la première partie de la Convention, « Dispositions générales », l'article 1er présente l'exposé des principes de la politique des parties contractantes, qui sont répétés dans les premiers alinéas de la communication du Gouvernement français à la Commission Internationale de l'Emigration. « Sous réserves de l'application des dispositions énoncées ci-dessous », l'émigration individuelle et spontanée recevra toutes facilités ; « dans les conditions stipulées par la présente Convention », le recrutement collectif est autorisé.

L'article 2 a trait à la rémunération des travailleurs immigrés, qui doit être « égale à celle des nationaux de même catégorie, employés dans la même entreprise » ou « basée sur le taux du salaire normal et courant de la région ».

Aux termes de l'article 3, les travailleurs immigrés « jouiront de la protection accordée aux travailleurs par la législation intérieure des hautes parties contractantes ». Des dispositions encore plus protectrices sont envisagées, qui pourront être assurées aux travailleurs immigrés, « en vertu de conventions spéciales conclues, soit entre elles, soit avec d'autres puissances ». Ainsi les travailleurs immigrés auront le bénéfice immédiat de la protection accordée aux nationaux, avec les améliorations qui pourraient y être ajoutées dans l'avenir.

La dernière partie de l'article stipule l'assimilation des travailleurs étrangers aux nationaux, sans aucune restriction, pour la réparation des accidents du travail (1). Entre la Pologne et la France, le même régime est appliqué en cette matière qui avait déjà prévalu, comme nous l'avons constaté, dans les Conventions entre la France, d'une part, la Bel-

(1) La loi du 9 avril 1898, dans son article 3, donnait la faculté de réaliser cette assimilation.

gique (1), l'Italie (2), le Luxembourg (3), l'Angleterre (4) et l'Etat de Saint-Marin (5), d'autre part. Après avoir stipulé l'égalité, quant aux salaires des étrangers et des nationaux, sur un point particulier on tend à étendre cette notion, en la complétant par l'égalité de traitement.

L'article 4 contient la clause de la nation la plus favorisée : les travailleurs immigrés, de l'un et l'autre Etat, bénéficieront des dispositions qui seraient édictées par « des conventions conclues entre l'une des deux parties contractantes et une autre puissance ». Dans les mêmes conditions, l'article précédent envisageait déjà l'extension, au profit des immigrés français et polonais, des mesures nouvelles de protection ; dans l'article 4, d'une portée plus large, le mot « protection » a été remplacé par « avantages plus étendus ».

La fin de cette première partie de la Convention remet simplement à « l'administration qualifiée de chacun des deux pays » le soin de veiller à l'application des clauses de traité, en même temps que de la législation du travail. Il est convenu que les réclamations des travailleurs immigrés adressées, soit directement à cette Administration, ou transmises par les autorités consulaires, « pourront être rédigées dans leur langue maternelle, en ce qui concerne les conditions de travail et d'existence, qui leur seraient faites par leurs employeurs, ou les difficultés de toutes natures, qu'ils pourraient éprouver du fait de leur présence en pays étranger ».

(1) Convention du 21 février 1906
(2) Convention du 9 juin 1906.
(3) Convention du 27 juin 1906.
(4) Convention du 3 juillet 1909.
(5) Convention du 9 août 1917.

La deuxième et la troisième partie de la Convention renferment des dispositions toutes nouvelles : « Aucune Convention ne s'occupait jusqu'ici des conditions de circulation de la main-d'œuvre du territoire d'un Etat à celui d'un autre » (1).

La deuxième partie « Emigration individuelle », accorde, aux termes des articles 6 et 7, toute liberté à l'émigration individuelle et spontanée, et aucune autorisation ne sera exigée, ni pour le départ du pays d'origine, ni pour l'arrivée dans le pays de destination, ou pour le retour. Les travailleurs étrangers « devront se munir de pièces d'identité, délivrées par les autorités nationales », et satisfaire à « l'application des lois et règlements sanitaires, ou de police ».

Une restriction est prévue à cette entière liberté, qui ne pourra s'exercer que « sous réserve des dérogations temporaires et exceptionnelles, prévues à l'article 10 de la présente Convention », provenant de l'état du marché du travail.

Avec l'article 10, le souci dominant du Gouvernement français apparaît dans le soin qui a été apporté à éviter un afflux de travailleurs, susceptible de désorganiser le marché du travail.

Le premier alinéa envisage d'abord, une notification du Gouvernement du pays d'immigration à l'autre Gouvernement, qui en informera ses nationaux, « au cas où l'état du marché du travail ne permettrait pas à certaines périodes, dans certaines régions, et pour certaines professions, de procurer

(1) *Emigration et Immigration*, page 343.

un emploi aux émigrants venant individuellement et spontanément chercher du travail ».

Dans le deuxième alinéa, il est convenu que si cette notification ne produisait pas « le résultat cherché, les parties contractantes arrêteraient d'un commun accord toutes autres mesures utiles ».

Il n'est pas douteux qu'avec ces termes très généraux la liberté de l'émigration individuelle ne puisse être complètement supprimée, pendant une certaine période, si le besoin s'en faisait sentir.

Arrivés au pays de destination, il y a lieu de s'assurer que les travailleurs étrangers possèdent un contrat d'embauche, et, dans le cas contraire, de leur procurer un emploi. Les articles 8 et 9 traitent de cette matière. Si le travailleur étranger est muni d'un contrat d'embauche, il pourra se rendre librement à destination, « étant bien entendu que ce contrat ne contient, ni de la part du travailleur, ni de la part de l'employeur, des dispositions contraires aux principes de la présente Convention ».

Aux termes de l'article 9, si le travailleur étranger n'est pas muni d'un contrat, ou si celui-ci n'est pas en conformité des dispositions de la Convention, il sera dirigé sur la destination de son choix, s'il a des moyens suffisants pour s'y rendre. Dans le cas contraire, il sera reçu dans un centre d'hébergement gratuit, ou dans un service de placement gratuit, et un emploi lui sera procuré « dans des conditions conformes aux principes de la présente Convention, et dans la mesure où le placement pourra s'effectuer sans préjudice pour les travailleurs nationaux ».

Avec la dernière partie de la Convention, concernant le recrutement collectif, le souci protectionniste est encore plus nettement précisé. Les opérations de recrutement collectif étant autorisées, en vertu de l'article 11, les autres articles ont trait uniquement à des mesures de réglementation et de contrôle, propres à empêcher la main-d'œuvre étrangère de nuire à la main-d'œuvre nationale.

Chaque Gouvernement déterminera les régions où les opérations de recrutement seront autorisées, et de même, chacun aura le droit « de déterminer les régions où les travailleurs pourront être dirigés ». La détermination de la région, où le recrutement est autorisé, sera faite par le Gouvernement du pays d'émigration, et celle de la région, où le travailleur étranger peut être employé, par le Gouvernement du pays d'immigration.

L'expérience antérieure a démontré l'utilité de l'organisation du recrutement, afin d'éviter l'incertitude et l'arbitraire, aussi bien pour les émigrants que pour les employeurs. Plusieurs nations de l'Amérique du Sud, le Brésil, l'Uruguay, l'Argentine faisaient, déjà avant la guerre, remplir, par leurs Consuls à l'étranger, les fonctions d'agent de leur service public d'immigration, qui avait des bureaux officiels dans de nombreuses grandes villes (1).

Les Gouvernements français et polonais ont convenu de constituer une Commission qui se réunira, au moins une fois par an, alternativement à Paris et à Varsovie, avec la mission de fixer « le nombre et la catégorie des travailleurs qui peuvent faire l'objet d'un recrutement collectif, de manière à ne

(1) Cf. E. Lémonon, page 71.

nuire ni au développement de l'un des pays, ni aux travailleurs nationaux de l'autre » (art. 12). Un Comité consultatif national, composé des représentants des services interessés, des représentants patronaux et ouvriers, remettra un avis à la Commission, par l'intermédiaire de chaque Gouvernement.

En vertu de l'article 13, « les organismes officiels de placement du pays, sur le territoire duquel se fait le recrutement », seront chargés des opérations : en Pologne, elles seront effectuées exclusivement par le « Bureau National de placement et de protection des émigrants » ; en France, par l'intermédiaire de « l'Office National de placement ».

Avant leur départ, les travailleurs enrôlés seront « acceptés et classés, ou refusés » soit par une Commission officielle du Gouvernement du pays de destination, soit par le représentant, agréé par les deux Gouvernements, de l'employeur ou d'une organisation professionnelle.

Les employeurs, dans les contrats de travail proposés, de même que les travailleurs dans leur demande, devront se conformer aux « contrats-types établis par voie d'accord entre les administrations qualifiées de France et de Pologne ».

Il semble qu'on aboutisse nécessairement à la fixation des salaires d'une catégorie de travailleurs par la voie administrative, inconvénient assez grave, pour lequel le Parlement français avait repoussé, depuis de nombreuses années diverses propositions, relatives à la fixation d'un salaire uniforme pour les étrangers et les nationaux, produites dans le but de protéger la main-d'œuvre nationale contre la concurrence que lui faisait la main-d'œuvre étrangère en travaillant au rabais (1).

Afin d'assurer les prescriptions de l'article 12, concernant le contrôle que les deux Gouvernements doivent exercer sur le recrutement, sur les régions où il est permis d'y procéder et sur la destination des travailleurs enrôlés, préalablement à toute opération, l'employeur est tenu de soumettre au visa de l'Administration qualifiée de son pays un exemplaire de la demande, qui sera transmis par la voie diplomatique à l'Administration qualifiée de l'autre pays. Ainsi est-il possible de contrôler la concordance de la demande avec les principes posés, et de s'assurer « qu'il peut être pourvu convenablement au logement et à l'alimentation des ouvriers, et si les besoins de main-d'œuvre justifient le recrutement de la part de l'entreprise intéressée » ; ce n'est que lorsque ces conditions seront remplies que le visa sera donné.

Enfin, « des arrangements spéciaux, conclus entre les Administrations qualifiées de l'une ou l'autre des hautes parties contractantes », sont envisages, (art. 14) pour déterminer les conditions d'application de la convention, « en ce qui concerne le recrutement collectif, les mesures sanitaires au départ et le transport des travailleurs ».

Les négociateurs ont laissé une certaine liberté aux pouvoirs administratifs des deux pays, qui, après avoir jugé de l'opportunité des diverses mesures qu'il conviendrait de prendre, auront à s'entendre pour leur application.

Par le dernier alinéa de l'article, il est convenu

(1) Proposition de M. Jules COUTANT, en 1910.

qu'un règlement, pris d'accord par les Administrations française et polonaise, déterminera les conditions de transfert des dépôts entre les Caisses d'Epargne des deux pays.

Tout en posant des principes très nets, la Convention laisse le soin des détails d'application aux Administrations compétentes des deux pays ; il s'ensuit que des relations assez étroites doivent s'établir entre elles.

Dans cette voie nouvelle, dans laquelle se sont engagées les deux parties contractantes, on a eu la préoccupation, en organisant les mouvements migratoires, de protéger la puissance économique du pays d'émigration et la main-d'œuvre nationale du pays d'immigration. Cette dernière considération semble, seule, être justifiée ; en tous cas, elle devait avoir des effets immédiats et constants, tandis que la diminution de puissance de concurrence internationale du pays d'émigration paraît peu à redouter ; il faudrait admettre que l'accroissement considérable de la population s'arrête et qu'il ne suive pas le développement économique ; il semble bien que cette crainte soit vaine, sinon pour un avenir très éloigné.

Antérieurement à la signature du deuxième accord, prévu par le protocole additionnel, le Gouvernement français a conclu avec l'Italie un traité de travail, le 30 septembre 1919, et la Convention avec la Pologne, qui a été signée le 14 octobre 1920, contient des clauses identiques à celles du traité franco-italien (1).

(1) Nous avons signalé une différence, concernant le délai imparti avant le remboursement par l'Etat d'origine des frais de maladie à l'Etat de résidence, ou avant le rapatriement.

Le traité de travail entre la France et l'Italie est l'aboutissement d'un programme qui a demandé de longues négociations, et dont les premières manifestations ont été le traité du 15 avril 1904 et les Conventions de 1906 et de 1910. Afin d'achever l'œuvre entreprise, un échange de vues avait préparé, durant l'année 1916, la voie à la signature du traité de 1919, dont le Gouvernement italien réclamait avec insistance la conclusion, désireux de voir préciser et améliorer le sort de ses ressortissants en France.

En outre des dispositions relatives à la circulation des travailleurs, qui se trouvaient déjà dans la Convention Franco-Polonaise, le traité a réalisé l'assimilation complète des étrangers et des nationaux par de nombreuses stipulations concernant la protection, l'assistance et la prévoyance, « toutes dominées par le principe de l'égalité absolue, dans les deux pays, des ouvriers français et italiens au regard des dispositions légales » (1).

C'est ainsi qu'au début du traité, les deux Gouvernements se déclarent « également désireux de régler l'émigration des travailleurs entre les deux pays, de faciliter dans leurs pays respectifs le séjour et l'établissement des immigrés, ressortissants de l'autre Etat, et d'établir, dans la plus large mesure possible, l'égalité de traitement entre leurs ressortissants et les ressortissants de l'autre Etat, en ce qui concerne les lois de prévoyance sociale, d'assistance et de travail... ».

L'égalité de salaire n'est plus seule prise en con-

(1) Cf. *Bulletin du Ministère du Travail*, Janvier-Février 1920. Cf. *Emigration et Immigration*, page 358.

sidération, mais, beaucoup plus largement, l'égalité complète de traitement.

Le séjour et l'établissement des immigrés, qui sont envisagés dans ce préambule, présentent un grand intérêt pour la France, car, si elle doit chercher un complément de travailleurs à l'étranger, elle doit aussi essayer d'augmenter sa population ; sur ce point, ainsi que nous l'avons déjà signalé, la politique française est en contradiction avec celle de l'Italie. Pour cette nation, l'émigration doit être temporaire pour en recueillir les nombreux avantages, les émigrés contribuant à l'accroissement de la richesse de leur pays par l'envoi de leurs épargnes, et au développement de son influence par leur présence à l'étranger, avec leur nationalité d'origine.

Les clauses du traité, relatives à la circulation des travailleurs étrangers, soit à la suite d'une émigration individuelle et spontanée, soit à la suite d'un recrutement collectif, sont analogues à celles de la Convention franco-polonaise.

En vertu de l'article 1er, toutes facilités administratives seront accordées « aux nationaux de chacun des deux pays désireux de se rendre dans l'autre pour y travailler », et ces facilités s'entendent aussi bien pour l'émigration individuelle et spontanée, que pour l'émigration par effet d'un recrutement collectif. De même les émigrants pourront pénétrer dans le pays de destination, « sans qu'aucune autorisation spéciale soit exigée ».

A cette liberté de l'émigration et de l'immigration, il est apporté une seule réserve, résultant des dérogations temporaires, que l'état du marché du travail rendraient nécessaires.

L'égalité de salaire et de protection des étrangers

et des nationaux est stipulée par les articles 2 et 3, et on ajoute que les réclamations que les étrangers auraient à faire valoir, « en ce qui concerne les conditions de travail et d'existence, qui leur seraient faites par les employeurs, ou les difficultés de toute nature, lorsqu'elles comportent une intervention des Pouvoirs publics », seront examinées par l'Administration qualifiée du pays de résidence, qui « aura seule qualité pour intervenir ».

Le dernier alinéa de l'article 3 prévoit l'adjonction aux ambassades d'un « technicien spécialiste », qui sera en relation avec l'Administration centrale compétente du pays de résidence.

Afin d'éviter des malaises sociaux, on a convenu que, lorsque l'état du marché du travail ne permettrait pas de trouver un emploi aux émigrants individuels, un avis du pays d'immigration serait transmis par la voie diplomatique à l'autre pays, à la suite duquel, « les deux Gouvernements, en cas de besoin, examineront, d'un commun accord, les mesures corrélatives qui, dans le même but, pourraient être arrêtées dans chacun des deux pays ». Cette disposition est la reproduction, presque textuelle, d'une disposition de la première Convention franco-polonaise. Il en est de même de l'article suivant (art. 5) concernant le recrutement collectif.

En vue d'éviter de nuire au développement économique du pays d'émigration et à la main-d'œuvre du pays d'immigration, une Commission sera constituée, qui normalement se réunira à Paris deux fois par an, avec la mission principale, après avoir pris l'avis des organisations patronales et ouvrières intéressées (1), d'une part d'évaluer le nombre de travailleurs qui peuvent être recrutés, et le nombre de ceux dont le recrutement est désirable, et d'autre part, de fixer les régions dans lesquelles la main-d'œuvre pourra être introduite, sans faire de tort aux nationaux.

Afin de « faciliter le passage des émigrants à la frontière », aux termes de l'article 6, les deux Gouvernements conviennent de faire intervenir des ententes entre les Administrations qualifiées des deux pays, « en conciliant, dans la plus large mesure possible, l'application de leurs lois et règlements respectifs ».

Les clauses du traité, qui suivent, sont les mêmes que celles qui ont été introduites dans la deuxième Convention entre la France et la Pologne, du 14 octobre 1920. Cependant, l'égalité de traitement des Polonais en France et des Français en Pologne, pour la réparation des accidents du travail, était déjà stipulée par l'article 3 de la Convention du 3 septembre 1919, et l'article 2 de la Convention de 1920 l'a confirmée.

L'article 7 du traité franco-italien pose le principe de l'application aux travailleurs immigrés du régime des retraites ouvrières et paysannes, en vigueur dans chacun des deux pays, « sans exclusion ou réduction des droits accordés aux ressortissants du pays, réserve faite de ce qui est prévu ci-après, touchant le mode de calcul et de paiement des bonifications et allocations à la charge de l'Etat ». Après

(1) Le décret du 3 février 1920 a créé un « Conseil National de la main-d'œuvre », propre à donner des avis utiles à la Commission prévue par l'article 5 du traité franco-italien et par différents autres traités.

en avoir établi le montant, suivant les règles qui sont contenues dans le traité, la contribution de l'Etat est mise en partie à la charge de chaque nation, en tenant compte de la période de temps. Les mêmes règles sont appliquées pour les pensions d'invalidité. Pour les allocations en cas de décès, qui seront supportées concurremment par les deux pays en se référant aux principes admis pour les bonifications, les ayants droit devront en faire la demande dans le délai de six mois, à partir du décès.

Pour l'application, le traité renvoie à l'article 24, qui prévoit des accords entre les Administrations des deux pays, pour « les mesures de détail et d'ordre nécessaires pour l'exécution des dispositions de la présente Convention, qui nécessitent la coopération de ces services administratifs ». Par ces accords, seront déterminés, avec précision, les conditions d'application relatives aux bonifications et aux allocations de l'Etat, les relations entre les organismes de retraite des deux pays, les informations qu'ils devront réciproquement se fournir pour l'établissement des comptes des assurés, ainsi que les mesures destinées à faciliter le paiement dans l'un des deux pays des pensions acquises dans l'autre (1).

En ce qui concerne la réparation des accidents du travail, l'article 8 confirme l'égalité de traitement déjà réalisée par la Convention du 9 juin 1906, et, étendant les mêmes principes, le dernier alinéa entend que le même traitement d'égalité et de réci-

(1) Deux décrets du 27 janvier 1925 portent approbation et publication : 1° de l'arrangement franco-italien du 30 juin 1924, pris pour l'exécution de l'article 7, relatif au régime des retraites ouvrières et paysannes, applicable aux salariés français et italiens ; 2° de l'arrangement du 30 juin 1924, pris pour l'exécution des articles 12 à 16, ci-après, relatifs à l'assistance.

procité soit réalisé par des arrangements, pour « toutes les lois d'assurances sociales contre les divers risques tels que maladie, invalidité, chômage, qui pourraient être ultérieurement établies ».

C'est surtout avec les articles suivants que le Gouvernement français a fait droit aux nombreuses demandes du Gouvernement italien, et il a concédé aux ressortissants étrangers des avantages qui, par leur essence même, auraient dû être réservés aux nationaux.

Comme dans les autres traités de travail, la stipulation de la réciprocité est absolument vaine, quant à ses effets pratiques, et ce ne sont pas les avantages recueillis par les quelques centaines de travailleurs français en Italie qui pourront rendre la balance des sacrifices et des profits plus équitable, devant la foule des travailleurs italiens en France.

Parmi les mesures protectrices, « ce que l'on pourrait appeler les dispositions politiques du traité » (1), il y en a certaines qui semblent nettement contraires à l'intérêt national, sans pouvoir se justifier par le souci de la protection de la main-d'œuvre française. Le droit d'association, la nomination des délégués ouvriers, l'admission dans les Comités de conciliation et d'arbitrage, pouvaient ne pas être accordés, sans nuire aux nationaux. Les bons éléments étrangers, conscients de la préférence qui pourrait leur être marquée par les employeurs, à cause de leur indépendance à l'égard des Associations, n'auront garde de s'y affilier ; en revanche, cela permettra à certains éléments turbulents de participer à des troubles ou à de l'agitation.

(1) Cf. *Bulletin du Ministère du Travail*, Janvier-Février 1920.

Il y aurait eu une juste part à déterminer entre la protection des nationaux et l'assimilation des étrangers, mais il semble que dans le traité on ait trop subi l'emprise de l'idée d'égalité entre nationaux et étrangers, provenant du principe protectionniste, et que sous les efforts des parties adverses, on se soit laissé entraîner à des concessions que ce principe ne justifiait plus.

Dans l'article 9, stipulant les mêmes facilités d'accès à la petite propriété pour les nationaux et les étrangers, on pourrait retrouver le désir de la « consolidation » ; en fixant les travailleurs étrangers sur le sol français, on pourrait espérer que leurs enfants deviendront des Français ; mais il est permis de se demander si, réservant cet avantage aux seuls nationaux, ce résultat n'aurait pas été plus sûrement acquis.

Avec l'article 10 du traité, les lois du 1er avril 1898 imposant l'obligation d'être Français pour être directeur ou administrateur d'une Société de Secours Mutuels, et du 29 juin 1894, d'une portée plus restreinte, puisqu'elle ne s'applique qu'aux Sociétés de Secours pour les ouvriers mineurs, imposant la même obligation pour être électeur ou éligible dans les Conseils d'administration de ces Sociétés, sont écartées ; les travailleurs et employeurs italiens, résidant en France, seront admis à faire partie du Conseil d'administration des Sociétés de Secours Mutuels auxquelles ils auront adhéré, « sous réserve que le nombre des administrateurs étrangers ne dépassera pas la moitié moins un du nombre total des membres du Conseil ».

Les adhérents étrangers à une Société de Secours Mutuels, approuvée ou reconnue d'utilité publique, bénéficieront des allocations allouées par l'Etat « en vue de la retraite par livret individuel, et auront droit aux pensions constituées sur fonds communs ».

En vertu des articles 11 et 12, ayant trait aux subventions aux Caisses mutuelles de secours contre le chômage, aux secours des fonds publics de chômage et des institutions publiques d'assistance par le travail, aux soins médicaux, ou à d'autres assistances quelconques, les travailleurs italiens ou français reçoivent le même traitement que les nationaux, sauf en ce qui concerne les allocations pour charges de famille, ces dernières ne leur étant allouées que si leur famille réside avec eux, et, lorsqu'elles n'ont qu' « un simple caractère de secours ».

Les articles suivants nos 13, 14, 15 et 16, traitent de l'assistance et du rapatriement. Au cas de « maladie aiguë », les frais d'assistance, engagés par l'Etat de résidence, seront supportés entièrement par lui. Dans les autres cas, seuls les frais afférents à la première période de quarante-cinq jours, seront à la charge de l'Etat de résidence, sauf pour ceux qui sont énumérés, et dans lesquels, l'Etat de résidence n'aura droit à aucun remboursement :

1° L'entretien des vieillards, des infirmes et des incurables, ayant au moins quinze ans de résidence continue, période réduite à cinq ans pour les invalidités consécutives à des maladies professionnelles, dont la liste sera établie par un accord spécial, ainsi qu'il est prévu par l'article 24 ;

2° Les malades, les aliénés et tous autres assistés, ayant cinq ans de résidence continue, chaque année de résidence étant comptée dès que l'étranger a séjourné au moins cinq mois consécutifs, lorsqu'il s'agit d'un traitement de maladie. Pour les enfants mineurs de 16 ans, les conditions de séjour devront être remplies par les personnes qui en ont la garde.

A la suite de l'expiration de la période de quarante-cinq jours, et sur l'avis de l'Etat de résidence, qui devra parvenir, aux termes de l'article 16, dans les dix premiers jours de la période, sous peine de prolongation du délai égale à la durée du retard, l'Etat de domicile devra procéder au rapatriement, ou indemniser l'Etat de résidence des frais de traitement.

Des accords spéciaux sont prévus sur (1) :

« 1° La procédure, les conditions et les modalités du rapatriement ;

2° Le mode de constatation et d'évaluation de la durée de la résidence continue ».

Le traité pose des principes, et il en trace l'application dans les grandes lignes. Les mesures exactes d'exécution seront définies par des accords spéciaux prévus à l'article 24.

L'article 17 stipule pour « les associations de bienfaisance, d'assistance ou d'aide sociale, entre Italiens en France et entre Français en Italie, et pour les associations mixtes, dans l'un et l'autre pays, constituées et fonctionnant conformément aux lois du pays », les mêmes droits et les mêmes avantages que ceux assurés aux associations similaires de nationaux. Antérieurement (2), les Sociétés de Secours mutuels constituées entre étrangers étaient soumises à une autorisation toujours révocable ; le droit d'acquérir des immeubles ne leur était pas reconnu, et elles ne bénéficiaient pas des avantages fiscaux que

(1) Arrangement du 30 juin 1924, cité plus haut.
(2) Loi du 1er avril 1898.

l'Etat réservait aux Sociétés composées de nationaux.

Il faut souligner l'importance particulière de l'article 18. Désormais, écartant la loi du 27 décembre 1892, les travailleurs et les employeurs de l'un et de l'autre pays pourront être admis dans les Comités de conciliation et d'arbitrage entre employeurs et salariés, pour les différents collectifs dans lesquels ils seraient parties intéressées. Par le deuxième paragraphe, il est convenu que lorsque, dans une exploitation minière, les ouvriers immigrés auront chargé un des leurs de faire valoir des revendications relatives aux conditions du travail, soit auprès du patron, soit auprès des délégués-mineurs, soit à l'autorité française ou italienne chargée de la surveillance, l'Administration du pays devra faciliter à ce travailleur l'exercice de sa mission.

On envisage encore l'égalité de traitement à l'article 19, non seulement dans les conditions actuelles, mais encore dans les conditions à venir, « pour tout ce qui concerne l'application des lois réglementant les conditions de travail, et assurant l'hygiène et la sécurité des travailleurs ».

La Convention franco-italienne du 15 juin 1910 avait placé sous le patronage d'un Comité composé de ressortissants français et italiens, les jeunes ouvriers, afin qu'ils reçoivent la même protection que les nationaux. Etendant les attributions de ce Comité, l'article 20 du traité de 1919 place sous son patronage, les « ouvriers de tous âges, Italiens en France et Français en Italie, dans les régions où sont occupés en nombre suffisamment important des travailleurs de l'autre pays ».

Les deux Gouvernements conviennent de s'interdire l'imposition de taxes spéciales aux travailleurs étrangers (art. 21) et le maintien des règles, déjà en vigueur, dans chacun des deux Etats, quant à l'instruction primaire, « l'égalité de traitement entre les ressortissants des deux pays, en ce qui concerne l'admission aux écoles primaires publiques et l'institution des écoles privées étant déjà suffisamment établie en principe, dans chacun des deux pays, par les lois scolaires respectives ». Cependant on prévoit la négociation d'une Convention générale relative à l'enseignement (art. 22). L'opinion italienne désire vivement, en effet, que l'enseignement de l'italien soit donné aux enfants des immigrés, soit dans nos propres écoles, soit dans des écoles spéciales (1). Quel que soit le désir de conciliation du Gouvernement français, il est évident qu'une semblable concession, allant trop directement à l'encontre de la politique d'assimilation, que la France est obligée de pratiquer, ne pourra pas être accordée, sans porter une atteinte sérieuse aux efforts de cette politique.

Les derniers articles du traité prévoient, en premier lieu, des conventions spéciales relatives à la situation « des marins, pêcheurs, et, en général, au personnel salarié de la pêche et de la marine marchande ».

D'autre part, l'article 24, dont il a déjà été fait mention, prévoit des accords entre les Administrations compétentes des deux pays, pour arrêter les mesures propres à faciliter l'application des clauses du traité, lorsqu'une coopération sera nécessaire entre les deux Administrations.

(1) E. Lémonon, Cf. page 51.

A l'article 25, on prévoit de nouvelles négociations pour le règlement des mêmes matières et pour leur application dans les « colonies, possessions, et pays de protectorat respectifs ».

Enfin, il est entendu (art. 26) que toutes les difficultés qui ne pourraient être résolues par la voie diplomatique, seront soumises, même sur la demande d'une seule des parties, à un tribunal arbitral, dont l'institution et le fonctionnement seront réglés par un accord spécial.

Avec ce traité, l'œuvre entreprise en 1904 a été achevée suivant les aspirations italiennes : le statut des travailleurs, très exactement défini, a été déterminé par le principe de l'assimilation complète du sort du travailleur immigré à celui du national (1).

La Convention conclue entre la France et la République Tchéco-Slovaque, le 20 mars 1920, est la reproduction, presque textuelle, de la Convention franco-polonaise de 1919, et elle s'inspire des mêmes principes d'égalité et de réciprocité entre nationaux et étrangers, en ce qui concerne les conditions du travail, la rémunération, la protection, les accidents et l'entière liberté de circulation d'un pays à l'autre, sous les réserves des lois sanitaires et de l'état du marché du travail.

Les quelques différences, qui existent entre ces deux Conventions, ne touchent pas à ces principes.

La clause de la nation la plus favorisée (2) n'a pas

(1) Une Convention a été conclue, le 16 février 1920, entre la France et l'Italie, établissant un régime particulier pour les territoires d'Alsace et de Lorraine, en ce qui concerne les assurances sociales.

(2) Article 4 de la Convention franco-polonaise.

été stipulée dans la Convention entre la France et la République Tchéco-Slovaque. Cependant, aux termes de l'article 3, en matière de protection, les ressortissants des deux pays auront le bénéfice de la protection que la législation intérieure accorde aux travailleurs, et de la protection que les parties contractantes pourraient leur assurer, en vertu de conventions spéciales conclues, soit entre elles, soit avec d'autres puissances.

Les deux Gouvernements, en vertu de l'article 4, et chacun sur son territoire, pourront avoir recours « à des inspecteurs ou correspondants spéciaux parlant la langue des travailleurs immigrés », pour examiner les réclamations qu'ils pourraient formuler, « en ce qui concerne les conditions de travail et d'existence qui leur seraient faites par leurs employeurs, ou les difficultés de toute nature qu'ils pourraient éprouver du fait de leur présence en pays étranger ».

En matière de recrutement collectif, l'article 12 insiste sur la nullité des engagements qui seraient contractés directement, sans l'intermédiaire de l'Office Central du travail (Ministère de la prévoyance sociale) sur le territoire de la République Tchéco-Slovaque, et sans l'intermédiaire de l'Office National de placement en France.

Outre les conditions imposées à l'employeur par la Convention franco-polonaise, pour obtenir le visa de la demande correspondant à chaque opération de recrutement, aux termes de l'article 12 de la Convention franco-tchéco-slovaque, il devra être donné l'assurance « qu'il n'existe ni grève, ni lock-out, ni agitation professionnelle d'aucune sorte dans l'établissement demandeur ».

Quelles que soient les critiques que l'on puisse

adresser à ces traités, du point de vue de la France, pays d'immigration, dont, au surplus tous les actes d'humanité sont limités par l'appauvrissement consécutif à la guerre, ils sont, pris dans leur ensemble, le point de départ d'un progrès important : la tendance à l'unification internationale du sort des travailleurs, œuvre que poursuit également, de son côté, l'Organisation Internationale du Travail (1).

Déjà, des accords avec d'autres nations, calqués sur ces Conventions, sont sur le point d'entrer en vigueur, ou tout au moins en germe. Si tous n'envisagent pas, dès le début, une réglementation aussi générale, obligatoirement, dans l'avenir, les différents Gouvernements, suivant l'exemple déjà donné, seront amenés à rechercher une solution d'ensemble.

Des Conventions sont intervenues entre la France et la Belgique, en date du 30 novembre 1921, et, avec un texte identique, entre la France et le Luxembourg, le 4 janvier 1923, avec un objet limité à la stipulation de l'égalité et de la réciprocité de traitement entre les ressortissants des pays contractants, relativement à l'assistance.

Tout récemment, la Convention entre la France et la Belgique a été élargie, et complétée par un traité, signé le 24 décembre 1924, stipulant de la même manière que les textes que nous avons étudiés, l'égalité de traitement entre Belges et Français, pour toutes les mesures de prévoyance et de protection, avec les droits politiques rattachés à ces dernières

(1) Cf. Le traité italo-luxembourgeois, du 11 novembre 1920, qui ressemble au traité franco-italien.
La Convention austro-polonaise du 24 juin 1921.
Le traité italo-brésilien du 8 octobre 1921.

depuis la guerre. Ainsi la Convention de 1921 et le traité de 1924 forment un ensemble en tout point comparable au traité franco-italien (1).

Un accord négocié durant la guerre, avec le Portugal, aux termes duquel, le Gouvernement portugais, moyennant la concession de certaines mesures protectrices, mettait à la disposition de la France les ouvriers mobilisés pour les industries de guerre, a été renouvelé tacitement et verbalement.

Une entente avec l'Autriche a abouti à la rédaction d'un contrat individuel, avec des clauses analogues à celles régissant habituellement les travailleurs étrangers.

Un projet de traité entre la France et l'Angleterre, est toujours en cours de négociations, et n'a pas encore reçu de conclusion.

Sans faire appel à des idéologies condamnées à la stérilité, à juste titre, on s'accorde à penser que l'adoucissement du sort des travailleurs doit faire l'objet d'efforts constants et résolus ; aussi, on peut espérer qu'avec l'unification du sort des travailleurs, correspondant à la mise en œuvre de la nouvelle politique des mouvements migratoires, des améliorations pourront être réalisées. Par suite de la stipulation des règles d'égalité et de réciprocité dans tous les accords, qui devaient primitivement servir en quelque sorte de limite, la concession de tout avantage faite par un Gouvernement à ses natio-

(1) Une convention avait été conclue le 14 février 1921, entre la France et la Belgique pour garantir aux ouvriers mineurs des deux parties contractantes, employés dans les mines françaises ou belges, le bénéfice du régime spécial de retraite appliqué dans chacun des deux pays.

naux et, par suite, moyennant la réciprocité aux travailleurs immigrés, débordera nécessairement du cadre des frontières, et les autres Etats seront contraints rapidement d'en accorder de similaires sur leurs territoires, afin que leurs ressortissant émigrés puissent profiter des lois bienfaisantes de leur pays de résidence. Il y a là une conséquence très heureuse, qui découle de l'admission dans les traités des principes que nous avons examinés (1).

D'autre part, à l'intérieur d'une nation, il s'établira un traitement minimum, dont profiteront tous les immigrés, ressortissant de pays liés ou non par des accords, car, en dehors de certains avantages très particuliers, concédés par des conventions, un traitement variant suivant la nationalité du travailleur se concevrait difficilement, et, en tout cas, le contrôle de la réglementation issue des traités en deviendrait singulièrement malaisée.

Si, sous la pression des circonstances, l'action diplomatique surtout, en matière d'immigration, précédée ou suivie de l'action législative, a réalisé des progrès très importants, l'organisation française intérieure est demeurée très en retard. L'explication réside dans la promptitude avec laquelle on a dû constituer, dans une période troublée, les divers services chargés de contrôler et de surveiller les nouveaux éléments.

La multiplicité des organismes n'a pas été sans nuire à l'organisation du recrutement et à son adaptation aux besoins.

(1) Cf. Traité de Versailles, partie XIII.

Pendant la guerre, trois services, relevant de trois départements ministériels, étaient préposés à ces opérations : le « Service de la main-d'œuvre étrangère », dépendant d'abord du Ministère de l'Armement et rattaché au mois d'octobre 1917 au Ministère du Travail, le « Service de la main-d'œuvre agricole », relevant du Ministère de l'Agriculture, le « Service des travailleurs coloniaux », appartenant au Ministère de la Guerre et dissous au cours de l'année 1920. A la suite de l'armistice, un nouveau service, rattaché, au mois de juin 1922, au Ministère du Travail, avait été créé au Ministère des Régions libérées (1).

Devant les inconvénients provenant de ces multiples rouages, on a envisagé la création d'un organisme distinct, chargé exclusivement de l'examen et de la solution de toutes les questions concernant la main-d'œuvre étrangère. Proposé, durant l'année 1920, par M. Bonnevay, le projet de fondation d'un « Office National de l'Immigration » fut repris, le 17 mars 1921, dans une proposition de loi, signée par M. de Warren et 157 députés (2). A la suite des préoccupations, qui s'étaient manifestées à la Chambre des Députés et au Sénat dans le rapport présenté à chaque Assemblée sur le budget du Minis-

(1) Un décret du 18 juillet 1920 a institué une Commission interministérielle permanente de l'Immigration, siégeant au Ministère des Affaires Etrangères.

Avec la préparation des traités et des conventions de travail, elle était chargée du contrôle de l'application de leurs clauses. D'autre part, elle devait veiller à la coordination de l'action des différents services de travailleurs étrangers.

(2) Proposition n° 2.343, Session 1921, Chambre des Députés.

tère du Travail, pour l'exercice 1921, et lors de la discussion de ce budget, à la Chambre des Députés, dans sa séance du 8 février 1921, et au Sénat, dans sa séance du 4 avril 1921, au cours desquelles les Chambres avaient réduit le crédit demandé, pour montrer leur volonté d'aboutir à une réorganisation des services d'immigration, le Gouvernement, à son tour, a déposé, le 12 octobre 1922, un projet de loi portant création d'un « Office National de l'Immigration » (1), reprenant presque textuellement, mais avec plus de concision quant à l'organisation intérieure de l'Office, la proposition originaire de M. de Warren.

Aux termes de ce projet, l'Office de l'Immigration, rattaché au Ministère des Affaires Etrangères et doté de l'autonomie financière, doit avoir dans ses attributions toutes les questions concernant la main-d'œuvre étrangère ou coloniale : son introduction et son établissement en France, l'Administration des bureaux d'Immigration à la frontière, le contrôle du recrutement sur place, ainsi que celui de la réception et de l'hébergement des travailleurs introduits par des organisations industrielles ou agricoles, et lorsqu'il y aura lieu de leur rapatriement.

L'Office est chargé de faire appliquer les dispositions des différents traités et conventions de travail. Il a, en outre, à donner des avis sur toutes les matières ayant trait à l'immigration, et à étudier les projets de traités internationaux.

Lorsque ce texte viendra en discussion, il est à

(1) Projet n° 4.869, Session extraordinaire 1922, Chambre des Députés.

espérer qu'on ne manquera pas de signaler le danger qu'il y aurait à confier à l'Office, ainsi que cela semble pouvoir se présenter, la mission exclusive de procéder au recrutement et à la répartition, ce qui aboutirait à la création d'un nouveau monopole. De toute évidence, ces opérations doivent rester œuvre d'initiative privée, revenant aux organismes particuliers fondés à cet effet, à l'Office étant réservés la représentation de la France vis-à-vis des pays d'émigration, le contrôle de l'application des différents textes législatifs ou diplomatiques et la surveillance des immigrés.

Des ressources lui seront fournies par :

« 1° Les subventions de l'Etat, des Départements et des Communes ;

2° Le remboursement par les employeurs des frais occasionnés à l'Etat par les opérations d'admission des travailleurs étrangers ;

3° Les dons, legs, libéralités et fonds de concours, de toute nature et de toute provenance, qui lui seraient attribués ;

4° Toutes autres ressources qui pourraient lui être affectées par des dispositions législatives ».

Malgré l'utilité évidente de cette œuvre de centralisation, qu'il était possible d'effectuer dans la limite des crédits budgétaires, ce projet de loi n'a encore été suivi d'aucun rapport, et tout le problème reste en état.

Cependant, il faudrait que devant certains inconvénients très réels, provenant du manque d'organisation, et devant les plaintes qui s'élèvent de différentes parties du territoire, on prenne résolument en main toute cette question si grave de l'organisation intérieure de l'immigration, qui, bien comprise, pourrait permettre de surmonter beaucoup de difficultés et de calmer certaines appréhensions (1).

(1) Le Gouvernement a demandé au Parlement au chapitre 25 du budget du Travail, pour l'exercice 1925 une somme de 7 millions pour constituer un Office National de la main-d'œuvre étrangère. La Commission des Finances a opéré sur ce crédit une réduction de 50 %.

CONCLUSION

Au terme de cette étude, et pour la résumer, il serait vain de faire, en quelque sorte, le bilan des avantages et des inconvénients que la France peut retirer de l'immigration. Ayant indiqué ce qu'il fallait en attendre ou en craindre, il serait inutile, en discutant des avis divergents, d'examiner pourquoi cette venue d'éléments étrangers est un bien plutôt qu'un mal et d'essayer de le faire prévaloir. On doit la considérer comme un remède provisoire, ou mieux comme un expédient, et l'accepter comme une obligation ; c'est dire que l'immigration présente dans les circonstances actuelles une somme certaine d'avantages.

La France, avec sa population déficitaire, a besoin, pour vivre et pour mettre en valeur son territoire, d'un appoint très important de main-d'œuvre ; par des mesures appropriées, on doit faciliter cette introduction. Mais encore faut-il s'appliquer à diminuer, autant qu'il le sera possible, les inconvénients qui pourraient se présenter avec ces apports étrangers.

Deux ordres de considérations méritent de faire l'objet d'examens approfondis, dans l'étude des mesures propres à favoriser ou à limiter l'immigration : en premier lieu des considérations d'intérêt économique, et d'autre part, des considérations d'intérêt national, proprement dit, en ce qu'elles tiennent aux destinées du pays, à sa force, à son influence, à son essence même.

Ce n'est pas à dire que ces deux intérêts, poursuivant en fait le même but, ne soient le plus souvent confondus, et que le même argument, ou la même objection, ne puisse avoir toute sa valeur dans ces deux ordres de considération. Mais il pourrait advenir que, si proches et reliées par des liens si puissants, on n'aperçoive cependant, que l'une des données du problème, et telle mesure, prise à juste titre du point de vue économique, pourrait avoir des conséquences dangereuses, du point de vue strictement national. Ainsi, le désir d'accroître l'activité de la production par le renforcement des effectifs de main-d'œuvre, pourrait conduire à favoriser une introduction trop importante d'étrangers capables, par leur nombre, d'altérer le caractère même de la nation.

Economiquement, il y a lieu de s'inspirer des justes intérêts des différentes catégories de la population, qui concourent simultanément à la grandeur du pays. Ne s'en tenant pas à des apparences, il faut envisager les intérêts réels et constants, ne pas sacrifier l'avenir au bénéfice du présent, et savoir discerner, au milieu des revendications diverses, celles qui méritent d'être retenues pour le profit même de ceux qui les émettent.

Il faut éviter le trouble ou la désorganisation dans le fonctionnement du marché du travail, afin que les travailleurs nationaux n'en soient pas réduits au chômage, ou que des taux de salaires, sans proportion avec les conditions de l'existence, ne puissent leur être imposés.

« On (1) ne saurait perdre de vue, cependant, que l'introduction de travailleurs étrangers ne peut échapper au contrôle et à la réglementation de l'Etat ; cette organisation doit être mise en harmonie avec la situation du marché du travail en France, et notamment, toutes les mesures nécessaires doivent être prises pour protéger les travailleurs français contre les inconvénients qui résulteraient pour eux à certaines époques, d'un afflux excessif d'ouvriers étrangers ».

Cependant, on doit s'appliquer à rendre aisé l'approvisionnement en main-d'œuvre, pour satisfaire aux besoins industriels et agricoles et pour augmenter l'activité de la production ; ce qui permettra, tout en accroissant la puissance et la richesse de la nation, et en abaissant les prix de revient des produits, de favoriser les progrès de la législation sociale.

Sous ces divers aspects, le problème n'est pas sans présenter de nombreuses difficultés, et une tendance particulière, dans l'un ou l'autre sens, pourrait avoir des incidences fâcheuses. Bien plus complexe est-il encore du point de vue national, car il faudra veiller surtout à la valeur morale des étrangers.

« Il n'est pas moins nécessaire (2) d'assurer le droit de regard de l'Etat sur la valeur physique, morale et sociale d'éléments étrangers, destinés à vivre en contact plus ou moins durable avec les populations ouvrières et paysannes françaises ».

(1) Proposition n° 2.848, Session 1921, Chambre des Députés.
(2) *Idem.*

Quelle ne sera pas la gravité de cette question, lourde de conséquences qui peuvent être dangereuses, lorsqu'à une politique d'immigration, on désire adjoindre, comme corollaire, une politique de naturalisation. Avec les réels obstacles qu'il y a à s'assurer de la qualité morale de ces éléments, on devra s'appliquer à n'accueillir que ceux qui réunissent toutes les garanties désirables.

Or, parmi les arrivants, certains, en assez grand nombre, ne sont souvent que d'une catégorie inférieure, aussi bien pour la qualité de leur travail que pour leur valeur morale. Aussi, malgré la nécessité d'accroître la population française, cette raison est-elle suffisante pour conserver à notre politique de naturalisation toute sa rigueur, en ce qui a trait aux garanties à fournir par ceux qui désirent acquérir la qualité de Français ; cependant que certaines formalités ou le paiement de certains droits, comme nous l'avons déjà indiqué, qui ne concourent en aucune manière, à un supplément de sécurité pourraient être, sinon abolis, tout au moins atténués, évitant ainsi d'opposer des obstacles inutiles aux éléments sains, qui méritent d'être encouragés.

La France dépeuplée souffre d'un profond malaise, qu'il faut combattre sans trêve, jusqu'à la guérison complète ; la tâche est de longue haleine, beaucoup d'efforts paraîtront stériles et les progrès seront presque insensibles ; ce sont des raisons pour l'entreprendre sans délai, quelles que soient les déceptions passagères que l'on ait à subir ; à attendre, le mal ne peut que s'aggraver.

Dans cette lutte contre la dépopulation, appuyons-nous sur l'immigration, qui servira de palliatif, et aidons-nous, avec prudence, de la naturalisation, qui sera un adjuvant aux efforts féconds d'une politique de la natalité.

Vu :

Le Doyen,
BERTHELEMY.

Vu :

Le Président de la Thèse,
C. PERREAU.

Vu et permis d'imprimer :

Le Recteur de l'Académie de Paris,
APPELL.

ANNEXE

Originaires de chaque département recensés en 1911 à Paris et en Banlieue (1).

	Paris	Banlieue
Ain	6.480	1.908
Aisne	27.459	14.384
Allier	21.155	6.718
Alpes (Basses-)	1.190	325
Alpes (Hautes-)	1.850	533
Alpes-Maritimes	3.105	629
Ardèche	7.111	1.964
Ardennes	13.135	5.700
Ariège	3.869	987
Aube	11.214	4.494
Aude	3.787	1.130
Aveyron	31.066	9.752
Belfort (Territoire)	2.582	961
Bouches-du-Rhone	8.153	2.098
Calvados	19.183	8.216
Cantal	28.396	9.144
Charente	11.011	3.968

(1) *Statistique générale de la France*, tome Ier, 4e partie, 1911.

	Paris	Banlieue
	—	—
Charente-Inférieure	10.016	3.614
Cher	28.994	12.390
Corrèze	28.097	11.488
Corse	5.645	1.247
Côte-d'Or	22.220	7.599
Côtes-du-Nord	25.970	16.995
Creuse	26.155	10.156
Dordogne	14.974	4.502
Doubs	15.075	5.351
Drome	5.800	1.614
Eure	15.415	7.709
Eure-et-Loire	19.709	9.429
Finistère	17.843	7.739
Gard	7.081	2.145
Garonne (Haute-)	9.165	2.239
Gers	4.529	1.063
Gironde	16.968	4.832
Hérault	7.376	2.081
Ille-et-Vilaine	23.475	9.593
Indre	21.623	7.862
Indre-et-Loire	15.540	5.092
Isère	8.524	2.632
Jura	13.974	4.589
Landes	5.556	1.292
Loir-et-Cher	19.267	7.212
Loire	9.175	3.139
Haute-Loire	8.238	2.579
Loire-Inférieure	19.936	7.527
Loiret	34.190	14.590
Lot	13.628	3.948
Lot-et-Garonne	4.468	1.247
Lozère	7.992	2.148
Maine-et-Loire	15.784	5.479
Manche	21.356	7.745
Marne	20.781	9.711

	Paris	Banlieue
Marne (Haute-)	12.623	5.544
Mayenne	16.247	7.680
Meurthe-et-Moselle	18.776	8.162
Meuse	14.751	7.358
Morbihan	21.867	8.837
Nièvre	40.206	16.924
Nord	39.135	18.474
Oise	25.965	13.953
Orne	18.888	7.984
Pas-de-Calais	24.815	11.274
Puy-de-Dome	22.957	7.423
Pyrénées (Basses-)	12.273	2.254
Pyrénées (Hautes-)	6.168	1.352
Pyrénées-Orientales	3.177	966
Rhône	18.663	6.007
Saône (Haute-)	10.536	7.413
Saône-et-Loire	29.913	11.171
Sarthe	20.734	9.317
Savoie	17.199	4.039
Savoie (Haute-)	13.000	2.426
Seine	1.092.964	570.783
Seine-Inférieure	36.640	16.949
Seine-et-Marne	37.912	22.052
Seine-et-Oise	64.841	48.247
Sèvres (Deux-)	8.346	3.003
Somme	23.012	10.841
Tarn	5.248	1.341
Tarn-et-Garonne	3.193	953
Var	3.008	724
Vaucluse	3.428	966
Vendée	7.260	2.747
Vienne	15.434	5.530
Haute-Vienne	21.030	7.128
Vosges	12.769	5.591
Yonne	34.085	14.636

	Paris	Banlieue
	—	—
Paris	1.005.640	277.608
Banlieue	87.324	293.175
Alsace-Lorraine	89.536	15.931
Lieu non déclaré	24.042	6.381
	2.573.426	1.174.050

Soit pour Paris, 1.480.462 habitants, non originaires de Paris ou de sa banlieue.

Pour la banlieue, 603.270 habitants, non originaires de Paris ou de sa banlieue.

Migrations intérieures (1).

Variations pendant la période 1906-1911.

Augmentation ou diminution des catégories de la population entre 1906 *et* 1911.

DÉPARTEMENTS	POPULATION URBAINE		POPULATION RURALE	
	AUGMENTATION	DIMINUTION	AUGMENTATION	DIMINUTION
AIN	11.017	»	»	14.391
AISNE	7.429	»	»	11.698
ALLIER	»	48	»	11.622
ALPES (BASSES-)	»	333	»	5.562

(1) *Statistique générale de la France.* « Résultats statistiques du recensement général de la population, effectué le 5 mars 1911 », tome Ier, 1re partie.

Migrations intérieures.

Variations pendant la période 1906-1911 (*Suite*).

Départements	Population urbaine — Augmentation	Population urbaine — Diminution	Population rurale — Augmentation	Population rurale — Diminution
Alpes (Hautes-)	2.452	»	»	4.867
Alpes-Maritimes	18.688	»	8.643	»
Ardèche	»	98	»	15.246
Ardennes	8.304	»	»	6.913
Ariège	»	102	»	6.857
Aube	4.053	»	»	6.968
Aude	»	1.522	»	6.268
Aveyron	»	63	»	7.788
Belfort (Territoire)	5.395	»	570	»
Bouches-du-Rhône	29.618	»	9.996	»
Calvados	3.957	»	»	11.070
Cantal	645	»	»	5.974
Charente	4.029	»	»	8.701
Charente-Inférieure	1.608	»	»	4.530
Cher	1.219	»	»	6.893
Corrèze	»	489	»	7.345
Corse	2.159	»	»	4.499
Côte-d'Or	1.731	»	»	9.646
Côtes-du-Nord	3.975	»	»	9.958
Creuse	2.654	»	»	10.560
Dordogne	3.558	»	»	13.178
Doubs	4.056	»	»	2.559
Drome	2.777	»	»	9.153
Eure	2.618	»	»	8.995
Eure-et-Loire	1.418	»	»	2.986
Finistère	17.551	»	»	2.883
Gard	»	1.039	»	6.669
Garonne (Haute-)	»	3.272	»	6.667
Gironde	22.932	»	»	8.693
Gers	»	401	»	17.762
Hérault	»	3.225	930	»
Ille-et-Vilaine	6.959	»	»	10.666
Indre	»	2.583	40	»
Indre-et-Loire	8.496	»	»	5.207
Isère	4.678	»	»	11.082
Jura	871	»	»	5.883
Landes	»	3.147	»	1.348
Loir-et-Cher	1.957	»	»	6.745
Loire	4.887	»	»	8.231
Haute-Loire	»	1.504	»	9.428
Loire-Inférieure	15.050	»	»	11.878
Loiret	9.821	»	»	10.759
Lot	222	»	»	11.064
Lot-et-Garonne	23	»	»	6.550
Lozère	264	»	»	5.542
Maine-et-Loire	1.499	»	»	6.840
Manche	»	833	»	10.491
Marne	16.792	»	»	14.639
Marne (Haute-)	829	»	»	7.788
Mayenne	»	177	»	7.548
Meurthe-et-Moselle	78.034	»	»	25.812
Meuse	883	»	»	3.148

Migrations intérieures.

Variations pendant la période 1906–1911 (*Suite*).

Départements	Population urbaine		Population rurale	
	Augmentation	Diminution	Augmentation	Diminution
Morbihan	5.067	»	181	»
Nièvre	436	»	»	15.096
Nord	63.481	»	2.438	»
Oise	3.593	»	»	2.614
Orne	»	322	»	8.238
Pas-de-Calais	67.030	»	»	11.341
Puy-de-Dôme	5.851	»	»	15.354
Pyrénées (Basses-)	10.006	»	»	2.505
Pyrénées (Hautes-)	3.094	»	»	6.386
Pyrénées-Orientales	»	1.120	935	»
Rhone	65.253	»	»	8.579
Saône (Haute-)	»	3.291	»	2.998
Saône-et-Loire	7.761	»	»	16.692
Sarthe	3.411	»	»	5.511
Savoie	867	»	»	6.274
Savoie (Haute-)	»	1.275	»	4.205
Seine	305.424	»	»	»
Seine-Inférieure	20.154	»	»	6.650
Seine-et-Marne	5.672	»	»	4.050
Seine-et-Oise	87.886	»	»	20.022
Sèvres (Deux-)	2.245	»	»	4.084
Somme	2.402	»	»	14.808
Tarn	630	»	»	7.073
Tarn-et-Garonne	439	»	»	6.455
Var	514	»	5.608	»
Vaucluse	1.942	»	»	2.464
Vendée	»	3.075	»	1.182
Vienne	2.300	»	»	3.645
Vienne (Haute-)	9.424	»	»	10.420
Vosges	17.449	»	»	13.347
Yonne	»	2.819	»	8.491
France entière	1.002.389	30.683	24.336	646.029
	+ 971.706		— 621.693	

Excédent de l'immigration dans les villes ou de l'émigration des campagnes. 5 mars 1911 (1).

Départements	Population urbaine		Population rurale		Population totale	
	Immigration	Émigration	Immigration	Émigration	Immigration	Émigration
Ain	12.490	»	»	13.450	»	960
Aisne	7.944	»	»	15.750	»	7.806
Allier	1.820	»	»	13.344	»	11.524

(1) *Statistique générale de la France.* « Résultats statistiques du recensement général de la population, effectué le 5 mars 1911 », tome Ier, 1re partie.

Excédent de l'immigration dans les villes ou de l'émigration des campagnes. 5 mars 1911 (*Suite*).

Départements	Population urbaine Immigration	Population urbaine Émigration	Population rurale Immigration	Population rurale Émigration	Population totale Immigration	Population totale Émigration
Alpes (Basses-)	458	»	»	5.058	»	4.600
Alpes (Hautes-)	2.681	»	»	5.535	»	2.854
Alpes-Maritimes	16.634	»	3.245	»	19.879	»
Ardèche	1.829	»	»	16.072	»	14.243
Ardennes	6.804	»	»	6.465	339	»
Ariège	759	»	»	5.291	»	4.532
Aube	4.018	»	»	2.690	1.328	»
Aude	541	»	»	5.469	»	4.928
Aveyron	613	»	»	10.858	»	10.245
Belfort (Territoire)	3.920	»	»	385	3.535	»
Bouches-du-Rhône	33.381	»	9.603	»	42.984	»
Calvados	7.650	»	»	8.210	»	650
Cantal	1.188	»	»	8.165	»	6.977
Charente	4.717	»	»	8.636	»	3.919
Charente-Inférieure	2.292	»	»	2.449	»	157
Cher	2.629	»	»	9.933	»	7.304
Corrèze	»	571	»	12.412	»	12.983
Corse	998	»	»	9.656	»	8.658
Côte-d'Or	3.941	»	»	5.516	»	1.575
Côtes-du-Nord	6.666	»	»	25.352	»	18.686
Creuse	2.660	»	»	12.074	»	9.414
[illegible]	[illegible]	»	»	[illegible]	»	10.552
Doubs	4.386	»	»	6.004	»	1.618
Drôme	5.359	»	»	7.439	»	2.080
Eure	4.654	»	»	6.666	»	2.012
Eure-et-Loire	2.788	»	»	3.865	»	1.077
Finistère	17.106	»	»	39.508	»	12.402
Gard	3.570	»	»	4.358	»	788
Garonne (Haute-)	3.192	»	»	652	2.540	»
Gers	1.770	»	»	3.490	»	1.720
Gironde	30.832	»	»	12.570	18.262	»
Hérault	3.068	»	2.850	»	5.918	»
Ille-et-Vilaine	10.719	»	»	17.933	»	7.214
Indre	»	1.657	»	4.444	»	6.101
Indre-et-Loire	10.594	»	»	4.565	6.089	»
Isère	7.064	»	»	6.483	581	»
Jura	1.998	»	»	5.356	»	3.358
Landes	»	2.589	»	7.379	»	9.968
Loir-et-Cher	3.518	»	»	9.917	»	6.399
Loire	5.697	»	»	9.824	»	4.127
Haute-Loire	»	498	»	13.514	»	14.012
Loire-Inférieure	18.093	»	»	18.236	»	143
Loiret	16.698	»	»	13.869	»	2.171
Lot	1.748	»	»	5.392	»	3.644
Lot-et-Garonne	3.163	»	»	572	2.591	»
Lozère	300	»	»	8.889	»	8.589
Maine-et-Loire	5.889	»	»	6.571	»	682
Manche	1.145	»	»	9.877	»	8.732
Marne	16.387	»	»	15.446	941	»
Marne (Haute-)	1.475	»	»	4.829	»	3.354
Mayenne	2.948	»	»	11.023	»	8.075
Meurthe-et-Moselle	67.728	»	»	29.471	38.257	»

Excédent de l'immigration dans les villes ou de l'émigration des campagnes. 5 mars 1911 (*Suite*).

Départements	Population urbaine Immigration	Population urbaine Émigration	Population rurale Immigration	Population rurale Émigration	Population totale Immigration	Population totale Émigration
Meuse	875	»	»	1.149	»	274
Morbihan	5.665	»	»	22.574	»	16.909
Nièvre	1.930	»	»	13.209	»	11.279
Nord	26.790	»	»	14.714	12.076	»
Oise	4.853	»	»	3.403	1.450	»
Orne	2.459	»	»	2.912	»	453
Pas-de-Calais	38.982	»	»	35.197	3.785	»
Puy-de-Dome	8.071	»	»	9.465	»	1.394
Pyrénées (Basses-)	9.585	»	»	9.395	190	»
Pyrénées (Hautes-)	4.227	»	»	4.661	»	434
Pyrénées-Orientales	»	1.489	»	1.348	»	2.837
Rhône	72.480	»	»	3.672	68.808	»
Saône (Haute-)	»	3.265	»	1.942	»	5.207
Saône-et-Loire	7.063	»	»	20.763	»	13.700
Sarthe	7.142	»	»	6.114	1.028	»
Savoie	1.732	»	»	7.482	»	5.750
Savoie (Haute-)	»	942	»	5.257	»	6.199
Seine	303.281	»	»	17.632	303.281	»
Seine-Inférieure	16.937	»	»	3.187	»	695
Seine-et-Marne	7.366	»	»	14.137	4.179	»
Seine-et-Oise	91.169	»	»	8.583	77.032	»
Sèvres (Deux-)	3.911	»	»	13.019	»	4.672
[illegible]	[illegible]	[illegible]	[illegible]	[illegible]	[illegible]	[illegible]
Tarn	2.980	»	»	2.646	»	3.325
Tarn-et-Garonne	2.726	»	8.268	»	80	»
Var	1.508	»	»	604	9.771	»
Vaucluse	5.140	»	»	11.663	4.536	»
Vendée	»	2.805	»	8.477	»	14.468
Vienne	3.523	»	»	20.030	»	4.954
Vienne (Haute-)	9.079	»	»	18.008	»	10.951
Vosges	14.608	»	»	2.638	»	3.400
Yonne	»	879	»	»	»	3.517
France entière	1.085.129	14.695	23.966	796.360	629.400	381.360
	1.020.434 excédent d'immigration.		772.394 excédent d'émigration.		248.040 excédent d'immigration.	

Proportion pour 1.000 habitants.

Départements	Population urbaine Excédent de l'Immigration	Population urbaine Excédent de l'Émigration	Population rurale Excédent de l'Immigration	Population rurale Excédent de l'Émigration
Ain	176.7	»	»	49.5
Aisne	45.5	»	»	44.3
Allier	15.4	»	»	46.3
Alpes (Basses-)	21.5	»	»	58.9

Proportion pour 1.000 habitants (*Suite*).

DÉPARTEMENTS	POPULATION URBAINE		POPULATION RURALE	
	EXCÉDENT DE L'IMMIGRATION	EXCÉDENT DE L'ÉMIGRATION	EXCÉDENT DE L'IMMIGRATION	EXCÉDENT DE L'ÉMIGRATION
ALPES (HAUTES-)	109.2	»	»	68.7
ALPES-MARITIMES	63.4	»	34.6	»
ARDÈCHE	30.2	»	»	59.2
ARDENNES	57.7	»	»	32.2
ARIÈGE	21.5	»	»	32.4
AUBE	44.4	»	»	17.9
AUDE	5.4	»	»	27.2
AVEYRON	6.9	»	»	38.8
BELFORT (Territoire)	64.0	»	»	9.6
BOUCHES-DU-RHÔNE	48.2	»	85.3	»
CALVADOS	63.3	»	»	29.8
CANTAL	39.4	»	»	42.3
CHARENTE	56.5	»	»	32.8
CHARENTE-INFÉRIEURE	15.8	»	»	8.0
CHER	23.4	»	»	44.1
CORRÈZE	»	11.4	»	47.9
CORSE	13.4	»	»	45.0
CÔTE-D'OR	32.2	»	»	24.2
CÔTES-DU-NORD	92.2	»	»	47.5
CREUSE	81.0	»	»	51.7
DORDOGNE	66.4	»	»	42.1
EURE	[illegible]	»	»	27.1
EURE-ET-LOIRE	44.6	»	»	18.4
FINISTÈRE	75.7	»	»	67.7
GARD	17.7		»	20.6
GARONNE (HAUTE-)	17.6	»	»	2.6
GERS	51.0	»	»	18.6
GIRONDE	73.6	»	»	30.6
HÉRAULT	10.6	»	15.0	»
ILLE-ET-VILAINE	60.6	»	»	41.6
INDRE	»	22.1	»	20.8
INDRE-ET-LOIRE	101.0	»	»	19.3
ISÈRE	44.5	»	»	16.3
JURA	30.7	»	»	28.5
LANDES	»	30.8	»	28.7
LOIR-ET-CHER	62.0	»	»	46.2
LOIRE	16.3	»	»	33.8
HAUTE-LOIRE	»	8.8	»	55.3
LOIRE-INFÉRIEURE	70.7	»	»	44.0
LOIRET	91.5	»	»	58.7
LOT	58.9	»	»	30.6
LOT-ET-GARONNE	47.0	»	»	2.8
LOZÈRE	20.2	»	»	81.9
MAINE-ET-LOIRE	38.7	»	»	18.5
MANCHE	10.0	»	»	27.3
MARNE	74.2	»	»	71.7
MARNE (HAUTE-)	25.8	»	»	30.6
MAYENNE	46.7	»	»	47.0
MEURTHE-ET-MOSELLE	201.6	»	»	128.9

Proportion pour 1.000 habitants (*Suite*).

DÉPARTEMENTS	POPULATION URBAINE		POPULATION RURALE	
	EXCÉDENT DE L'IMMIGRATION	EXCÉDENT DE L'EMIGRATION	EXCÉDENT DE L'IMMIGRATION	EXCÉDENT DE L'EMIGRATION
MEUSE	12.0	»	»	5.6
MORBIHAN	47.3	»	»	49.2
NIÈVRE	26.6	»	»	58.3
NORD	19.1	»	»	26.3
OISE	41.4	»	»	11.6
ORNE	39.5	»	»	12.3
PAS-DE-CALAIS	68.4	»	»	70.6
PUY-DE-DÔME	62.0	»	»	23.9
PYRÉNÉES (BASSES-)	71.4	»	»	31.4
PYRÉNÉES (HAUTES-)	82.0	»	»	80.2
PYRÉNÉES-ORIENTALES	»	16.5	»	11.0
RHÔNE	104.6	»	»	16.5
SAÔNE (HAUTE-)	»	67.8	»	9.3
SAÔNE-ET-LOIRE	40.2	»	»	48.4
SARTHE	60.8	»	»	20.2
SAVOIE	38.7	28.0	»	36.3
SAVOIE (HAUTE-)	»	»	»	23.7
SEINE	73.0	»	»	»
SEINE-INFÉRIEURE	32.0	»	»	50.7
SEINE-ET-MARNE	71.8	»	»	12.2
[illegible]	[illegible]	[illegible]	[illegible]	[illegible]
TARN	27.8	»	»	28.9
TARN-ET-GARONNE	48.7	»	»	49.4
VAR	7.2	»	66.9	»
VAUCLUSE	39.1	»	»	5.6
VENDÉE	»	40.2	»	31.6
VIENNE	45.8	»	»	33.2
VIENNE (HAUTE-)	67.1	»	»	80.3
VOSGES	96.3	»	»	63.8
YONNE	»	13.6	»	11.0
FRANCE ENTIÈRE	59.1	0.8	1.1	36.0
	58.3 Excédent d'Immigration.		34.9 Excédent d'Emigration.	

TABLE DES MATIERES

Imp. A. Tournon (Ing. E. C. P.), 257, rue St-Honoré.

www.ingramcontent.com/pod-product-compliance
Ingram Content Group UK Ltd.
Pitfield, Milton Keynes, MK11 3LW, UK
UKHW021149260726
13994UKWH00001B/362